Hugo Suter
Das Eine im Andren

Hugo Suter

Herausgegeben
von Beat Wismer

Das Eine im Andren

Aargauer Kunsthaus Aarau

**Zu dieser Publikation und zur Ausstellung,
aus deren Anlass sie erscheint**

Eine Publikation, die das Schaffen von Hugo Suter seit den ersten von ihm selbst als gültig akzeptierten Werken aus den Jahren um 1970 in einer umfassenden Übersicht vorstellt, fehlte bis anhin und gehört seit langem zu den empfindlichen Desideraten einer Bibliographie zur neueren Schweizer Kunst. Dabei ist die Liste der Schriften über den Künstler respektive des Künstlers selbst seit eben jenem Zeitpunkt recht umfangreich, allein, die meisten seiner Kataloge oder Katalogbeiträge bieten viel eher eine Einführung in sein bildnerisches Denken als dass es ihnen darum gegangen wäre, das Werk in seinem Ablauf und gemäss der inneren Logik der Geschichte seiner Entstehung vorzustellen. Dem Wunsch nach einer übersichtlichen Vorstellung des gesamten Schaffens will diese Publikation mit einer präzisen, repräsentativen Auswahl von wichtigen Arbeiten aus einem in kaum überblickbare Breiten verästelten, seit drei Jahrzehnten kontinuierlich sich entwickelnden Gesamtwerk genügen. Gleichzeitig wollten wir die Auswahl aber ebenfalls so präsentieren, dass der Einstieg in das rhizomartig wuchernde Bilddenken erleichtert wird, und dass, wer dazu bereit ist, zur Partizipation an der ebenso faszinierenden wie komplexen Bildreflexion hingeführt werde, mit welcher Hugo Suter in seinen Werken die verschiedensten Ebenen, die vom Gegenstand der Beobachtung sich ableitenden ebenso wie auch die von der Beobachtung des Beobachtens des Gegenstandes ausgehenden Ebenen, miteinander verwebt und zu irisierender Interferenz bringt.

Die spezifische Situation in der Literatur zum Werk von Hugo Suter – einer grossen Zahl von «Traktätchen», wie er selbst sie nennt, stehen wenige Publikationen nur zur Seite, die einem dokumentarischen Anspruch genügen würden – macht es natürlich auch schwierig, dieses komplexe Schaffen Aussenstehenden zu vermitteln, und sie ist mitverantwortlich für den Ruf, der dem Künstler hin und wieder nachgesagt wird: er sei einer der interessantesten der unbekannten oder krass unterschätzten Schweizer Künstler, wie für kaum jemanden treffe auf ihn zu, dass sein Schaffen zu Unrecht zu wenig bekannt sei. So ist sein Werk am besten bekannt in der Region, in der er arbeitet, seine Arbeiten regelmässig präsentiert und sich auch einsetzt, über den regionalen Radius hinaus wird sein Ansatz der Beobachtung und der Bildreflexion hochgeschätzt von einem kleinen, engagierten Sammlerkreis, vor allem aber auch von Künstlerkollegen. Das Prädikat «artist's artist» dürfte auf ihn zutreffen, es gilt als schönes Kompliment und steht für hohe Wertschätzung innerhalb eines kleinen, allerdings höchst kritischen Zirkels. Die internationale Anerkennung ist diesem Schaffen jedoch weitgehend versagt geblieben, obwohl Hugo Suter regelmässig beteiligt war an den Gruppenausstellungen, die in den siebziger Jahren mit Schweizer Kunstschaffenden im Ausland organisiert wurden – sie waren damals immerhin so zahlreich, dass Jean-Christophe Ammann 1981 erstaunt feststellen konnte, Schweizer Kunst sei gefragt –, und obwohl auch danach einige sehr überzeugende Präsentationen im Ausland stattfanden.

Hugo Suter erging es in den achtziger Jahren wie so vielen Künstlern, deren bildnerische Strategien letztlich in konzeptuellen Ansätzen wurzeln, wie sie in den Jahren um 1968/70 entwickelt worden waren. Auch wenn sich seine Reflexionen und Untersuchungen immer bildhaft und sinnlich äusserten, so wurden sie doch vom, wenn auch kurzlebigen, so doch um umso lebhaftere Aufmerksamkeit buhlenden, Strohfeuer einer lauten Malerei mit heftigen Bildern in den Schatten gedrängt. Seine künstlerische Untersuchung war zu keiner Zeit auf Expansion angelegt, es ging vielmehr immer zuerst darum, das Sehen und das Wissen über die Gegenstände und das Wissen über das Sehen und Erkennen der Gegenstände zu vertiefen. Solche Tätigkeit mündet nicht in einfach fassbare Bilder, die leicht vereinnahmt werden könnten. Man kann sich klar werden, wie Hugo Suter in seinen bildnerischen Recherchen vorgeht, seine bildnerischen Produkte jedoch lassen sich nicht auf einen einfachen Nenner bringen. Kommt dazu, dass er, seit er 1972 an den Hallwilersee gezogen ist, seine Kunst in der Region, in Distanz zu den Zentren, langsam und beharrlich entwickelte, und dass die Gegenstände oder Motive, an denen er seine Seh-Untersuchungen ausführte, aus der naheliegenden Umgebung seiner eigenen Lebenswelt stammen.

Unsere Publikation will also, wir wiederholen es, mit der impliziten Einführung in die Sichtweise, mit der sich der Künstler seinen Gegenständen nähert, das Gesamtwerk von Hugo Suter in einem repräsentativen Überblick vorstellen. Beim Aufbau des Kataloges leitete uns für diesen Überblick weniger eine chronologische Ordnung des Werkablaufes als vielmehr die Idee, eine Kapitelabfolge nach thematischen Werkgruppen vorzunehmen: die Idee einer Art Revision war dem Künstler dabei näher als die herkömmliche Retrospektive, es ging ihm nicht zuerst um die Ausbreitung seines Werkes, sondern vor allem darum, im Zurückblicken dessen Stringenz zu überprüfen. Da Hugo Suter sich aber jeweils über längere Zeit mit einer bestimmten Fragestellung beschäftigt, überrascht dann allerdings nicht, dass chronologischer Ablauf und Ordnung nach Werkgruppen über weite Strecken identisch sind, respektive, dass oft die Auseinandersetzung mit einem gewissen Problem mit einer bestimmten Ateliersituation verbunden ist. Oft sind allerdings thematische Blöcke in gewissen Zonen durch poröse und durchlässige Abgrenzungen nur voneinander getrennt oder, quasi subkutan, miteinander verbunden. Anderseits finden sich immer wieder Einzelwerke, die ausserhalb des chronologischen Zusammenhanges in einen bestimmten thematischen Kontext gehören: diese werden hier den thematischen Werkgruppen zugeordnet, sie weisen darauf hin, dass in dieser komplexen Bildbeschäftigung das Eine im Andren, unterschwellig und latent oft, explizit hin und wieder, schon vorhanden oder wirksam ist. Hier gibt es solche, die man als Vorläufer bezeichnen möchte, aber auch die anderen: jene späteren Werke, in denen der Künstler ein älteres Problem noch einmal, unter einem anderen Aspekt oder mit vertieften Erkenntnissen, aufgreift und einer neuen bildnerischen Lösung zuführt.

Es hat seine Logik, dass diese grosse Ausstellung im Aargauer Kunsthaus stattfindet und dass diese ambitiöse Publikation von uns herausgegeben wird. Das Schaffen von Hugo Suter wurde in unserem Haus seit seinen Anfängen geschätzt und Arbeiten von ihm gehören zu den Schwerpunkten innerhalb der neueren Sammlung. Umgekehrt war die Aargauische Kunstsammlung und waren verschiedene Ausstellungen in diesem Hause für den Künstler von prägender Wichtigkeit. Bereits 1965 wurde, unter der Leitung von Guido Fischer, ein erstes Gemälde des sehr jungen Künstlers erworben. Heiny Widmer, mein Vorgänger, war während wichtigen Jahren anregender Gesprächspartner des Künstlers, am Beispiel von Hugo Suter exemplifizierte er seinen Begriff der Kreativität, 1982 organisierte er die erste grosse Werkschau des Künstlers in unserem Haus. Ich selbst wiederum durfte in den letzten zwölf Jahren von zahlreichen Besuchen in den verschiedenen Ateliers profitieren und die Entstehung von wichtigen Werken miterleben und diskutieren, ebenso oft aber drehten sich lange Gespräche auch um Werke anderer Künstler oder um die Entstehung von Kunst und um das Betrachten und Erkennen von Kunst und sichtbarer Wirklichkeit ganz allgemein. Und in der letzten Zeit natürlich vor allem auch um diese Ausstellung und um diese Publikation: So danke ich zum Schluss Hugo Suter sehr herzlich für die grosse Arbeit, mit der er unser Unternehmen unterstützt und begleitet hat, und für die Freundschaft und die kritische Sympathie, mit welcher er die Aktivitäten unseres Hauses beobachtet.

Beat Wismer

Das Kalkulieren und Erfassen des Inkommensurablen

Max Wechsler

Leinwand mit Gips zum Verzweifeln. Verstehe nichts mehr.
Alles bildet Flecken – penible Arbeit.

Georges Seurat in einem Brief an Paul Signac (1888)

So enigmatisch sie auf den ersten Blick manchmal auch erscheinen mag, die Kunst von
Hugo Suter ist darum nicht notwendigerweise hermetisch, auch wenn man sich bei
ihrer Interpretation gut und gerne in Irrgärten des Schauens und Denkens verlieren kann.
Nein, die wesentliche Qualität dieses Œuvres liegt gerade darin, dass seine komplexe
Formenwelt ganz selbstverständlich im Hier und Jetzt der Wahrnehmung alltäglicher
Lebenswirklichkeit angesiedelt ist; noch Im Bereich der klassischen Physik sozusagen –
allerdings nicht ohne Liebäugeln mit der 'Pataphysik, jener wunderbaren Wissenschaft des
Besonderen und der Gesetze, die die Ausnahmen bestimmen. Suters Arbeit thematisiert
aufs Ganze gesehen nämlich nicht mehr und nicht weniger als einen tiefsitzenden und
grundsätzlichen Zweifel an der Wirklichkeit der Erscheinungen dieser Welt, sie dreht sich
also um den alten, im abendländischen Denken seit der Antike akuten Problemkomplex
der ungesicherten Beziehungen zwischen der Vorstellung von Wirklichkeit und der Realität,
es geht um die abgründige Kluft zwischen dem Bild der Welt und der Welt selbst, um die
ebenso leidige wie wunderbare Inkommensurabilität von Zeichen und Bezeichnetem. Darum
geht er in seiner Arbeit den Dingen immer wieder neu auf den Grund, stellt die Erscheinungen der Welt immerzu und noch einmal in Frage und sucht den Konflikt zwischen dem
Wissen und dem Sehen auf den Punkt zu bringen, die unwillkürlichen Selbsttäuschung
durch Vor-Urteil und Vor-Bild aufzuzeigen, um so das Spannungsfeld zwischen der Vorstellung und dem sichtbaren Bild zu aktivieren.

Und ich denke, dass bei diesem Unternehmen eine grenzenlose, mit Eifer und Geduld gepaarte
Lust im Spiel oder am Werk sein muss, denn die obsessionelle Intensität, mit der Hugo
Suter der grundsätzlichen Komplexität in der Wahrnehmung und Darstellung einfachster Dinge
und Vorgänge unerbittlich bis in die äussersten nur noch vagen Gebiete der Unschärfe nach-
forscht, ist eigentlich nur im Zusammenhang mit Lust denkbar – alles andere bedeutete
Gefahr, in diesem Raum der Unsicherheit zu verzweifeln. Doch davon keine Spur, seine Hin-
gabe ist total und das selbstlose Interesse am Phänomen an sich lässt ihn ein um das andere

Mal mit dem Chromameter die Exaktheit von Farbwerten nachmessen oder zur genaueren Beobachtung zum Fadenzähler greifen. Denn die aus der Anschauung resultierenden Mutmassungen und Reflexionen wollen immer wieder konkretisiert und präzisiert werden, damit sie sich schliesslich im Kunstwerk objektivieren lassen, und dies alles natürlich im Wissen darum, dass es keine gültige Gewissheit geben kann. So bleibt alles immer nur Annäherung, auch wenn Suters Kunstwerke fast durchwegs von hoher ästhetischer Vollendung und von einer seltenen handwerklichen Meisterschaft geprägt sind. Denn das ästhetisch-bildnerische Ereignis des Werks steht in Funktion zu seiner grundsätzlichen Modellhaftigkeit, zu seinem instrumentellen Status als anschauliches Grundlagenmaterial und Ausgangs-punkt für eine stets weiter zu führende Wahrnehmungs- und Darstellungsarbeit.

In seinem wahrnehmungs- und erkenntnistheoretisch angelegten Arbeitsprozess bezieht sich Hugo Suter mit naturwissenschaftlicher Effizienz einmal auf die Alltagswelt – während mehrerer Jahre, zum Beispiel, auf den vor dem Atelier gelegenen See, doch davon wird noch die Rede sein –, dann auf seine eigenen Arbeiten, die stets weiterentwickelt werden wollen, und schliesslich aus dem Blickwinkel eines Adepten der Konzeptkunst auch auf die ältere und neuere Kunstgeschichte als einem gewaltigen Archiv, nicht von Motiven, sondern von Problemstellungen und Lösungsansätzen in Hinsicht auf den Komplex des Darstellens selbst, als einem Reflexionspotential über die essentielle Natur des Bildes. So interessiert er sich, um nur ein paar Beispiele zu geben, für die geheimnisvollen Bild-gründe Rembrandts, die schillernden Stellen des Übergangs in Böcklins Nixenbildern oder um das Zusammenspiel von Licht und Schatten und Spiegelungen im unteren Teil von dessen Münchener *Pan im Schilf.* Ganz konkret hat sich Hugo Suter in seiner Arbeit vor allem aber mit den Malern Caspar Wolf und Philipp Otto Runge auseinandergesetzt. Bei Runge faszinierte ihn sicher einmal dessen räumlich körperhaft formulierte Farbenlehre, deren Systematik zugleich auch eine moralisch besetzte Kosmologie von hohem Anspruch impli-ziert, dann aber auch dessen selbstverständlicher Umgang mit der souverän gesetzten Formbegrenzung als Kontur in den weniger bekannten Schattenrissen und Scherenschnitten – was für eine Herausforderung an einen Künstler wie Suter, der sich so oft im Gebiet proteischer Augentäuschungen bewegt, der den Schemen der Unbestimmtheit nachgeht, um diese in einer präzisen Formulierung schliesslich doch noch, wenigstens in einem Augen-Blick zu fassen.

Bei Caspar Wolf, auf den er bei dessen Prominenz in der Sammlung des Aargauer Kunst-
hauses fast notwendigerweise stossen musste, liegt die Parallele zu Suters Schaffen
vor allem wohl in dessen aufklärerischem, recht eigentlich naturwissenschaftlichen Forscher-
geist. Doch die in Wolfs alpinen Landschaften sich herumtreibenden winzigen, sehr oft
als einsame Zeichner oder Maler indentifizierbaren und in selbstvergessener Anschauung
verlorenen Figuren – wie Homunculi, die im und auf dem unermesslichen Leib der
Natur herumirren als würden sie nie mehr zurück finden – deuten auf eine wesentlichere
Verwandtschaft. Denn was sich da abspielt und thematisiert wird, ist vielschichtiger als sim-
ple Naturwissenschaft, suggeriert doch das betrachtete Bild, dass es eine Darstellung
dessen sei, was von den in das Bild projizierten naturforschenden Künstlern als solches festgehalten werde. Es schiebt sich damit ganz beiläufig eine Reflexionsebene zwischen das,
was wir sehen und das, was dort gezeigt wird – das betrachtete Bild erscheint gewissermassen als eine Extrapolation dessen, was der fiktive Maler im Bild noch genauer aufzuzei-
chnen versucht. So wird – noch im Akt der Bildbetrachtung und als eine Spekulation
des Betrachters – im Bild selbst noch weiter an eben diesem Bild gearbeitet. Da entstehen
offenbar noch Detailstudien, die das Ganze relativieren möchten und gleichzeitig auch
eine Erhellung der ungeklärten Zonen versprechen. Tatsächlich ist schon den Zeitgenossen
diese spezielle Form eines virtuellen *work in progress* aufgefallen, so findet sich in Johann
Georg Küttners Briefen eines Sachsen aus der Schweiz an seinen Freund in Leipzig (1785)
folgende Stelle: «...sein Pinsel ist männlich und kühn, aber die inneren Theile seiner grossen
Umrisse finden Viele zu leer.» Denn die hier geäusserte Kritik an einem Maler, der von
anderer Seite gerade wegen seiner hohen «Naturtreue» gerühmt wird, verweist doch eher
auf ein Unbehagen der Betrachter über die von ihm als solche belassenen Zonen der
Ungewissheit oder über die gnadenlose und abgründige Leere seiner Höhlendarstellungen.
Der den zeitgenössischen Konventionen entspringende Schrecken, den Wolfs Bilder
erzeug(t)en, entspringt möglicherweise nicht nur der Erhabenheit seiner Motive, sondern vor
allem seiner modernen naturwissenschaftlich motivierten Wahrnehmung, die sich nicht
damit begnügte, gängige Vorstellungen zu illustrieren, sondern die Natur aus einer analyti-
schen Sicht darzustellen.

Hugo Suter meinte einmal: «Festkörperphysiker bezeichnen die Diskrepanz zwischen real
erreichbarem und idealem Zustand als ‹Frustration›. Kunstschaffenden wird dieser trennende

Riss zur Verbindungslinie.» (*Die ganze Scherbe,* Winterthur 1993) Das heisst, die bildnerische Arbeit bewegt sich in einem Bereich der Unsicherheit, zwischen den ausgefransten Grenzlinien des Bezeichenbaren und des noch Unbezeichenbaren, die es als ungeklärte Übergangszone zu vermessen gilt, damit sich die beiden Seiten – und nicht selten kommt noch ein drittes oder weiteres Element hinzu – einander annähern können, paradoxerweise gerade indem diese Zone der «Diskrepanz» als solche deutlich artikuliert wird. Das geschieht, indem der Künstler vom gesicherten Terrain aus punktuell auf die andere Seite vorstösst, und mit den dort gewonnen Erkenntnissen das Ausgangsgebiet neu bestimmt, um dann mit diesen noch präziseren Grundlagen wieder auf Neuland vorzudringen. So verzahnen sich die gegensätzlichen Positionen wechselseitig und unter steter Veränderung der Verhältnisse ineinander, wie Wasser und Land entlang der Uferlinie sich immerdar austauschen. Dass Suter solche Situationen verschiedentlich auch anhand von simplen Pfützen oder Schneegrenzen studiert hat, tut der Komplexität der Problemstellung keinen Abbruch, belegt nur die grundsätzliche Bodenhaftung auch seiner abgehobensten Projekte.

Dieses Vorgehen bedingt eine ständige Reflexion des zum Bilde führenden Arbeitsprozesses, denn je näher man an die Sache herankommt umso differenzierter und damit undeutlicher oder komplizierter stellen sich die Dinge dar. Es muss also die Technik der Beobachtung selbst auch zum Thema werden, die Frage, wie die Erkenntnisse gewonnen werden. Doch damit nicht genug, durch die Überlagerung der im Arbeitsprozess erarbeiteten Zwischenbilder entstehen Interferenzen zwischen diesen, und das heisst ganz konkret auch Auslöschungen und Steigerungen von Bildelementen und daraus resultierende neue Bilder. Hugo Suters Bilder sind ganz wesentlich von einer Eigendynamik bestimmt, die ganz direkt auch auf ihre Wahrnehmung einwirkt. Das Bild ist zwar das Bild, das wir sehen, aber seine visuelle Mehrdeutigkeit verweist auf die gleichzeitig in das Bild integrierten anderen Bilder, die Vor- und Nachbilder und auf die Denkprozesse, durch welche die Interpretation seiner Erscheinungsform nicht nur vielschichtig, sondern im eigentlichen Sinne schillernd wird. Auf diesem Stand der Betrachtung bekommt natürlich auch die Fülle der von Suter eingesetzten, auf den ersten Blick manchmal überraschend wirkenden Materialien und Werkstoffe eine hervorragende Bedeutung, die zusammen mit der breiten Palette von ebenso virtuos wie präzis eingesetzten Techniken die Vielschichtigkeit seiner Arbeit noch unterstützt. Da geht es nicht primär um ästhetische Fragen, sondern um substantielle Bedeutungsfragen, um Inhalte des Bildes, die sich – noch unabhängig von der Form – im Material und seiner Bearbeitung visualisieren. Man denke zum Beispiel nur an die sich durch das Werk ziehende Metapher des Wassers und des Sees, welche sich in den drei Erscheinungsformen von Glas als transparentem, als matt geätztem oder als verspiegeltem Medium mit der ganzen visuellen Komplexität dieses Themas in einer trefflichen Entsprechung materialisiert. Oder wer würde je das mit Holzbeize auf Holz gemalte Vogelhäuschen vergessen. Ansichten werden zu Durchsichten unterschiedlicher Dichte, geben den Blick frei auf einen Raum ausserhalb des eigentlichen Bildes oder sie werfen den Blick zurück und suggerieren Einsichten. Das Bild braucht zu seiner Realisierung den Augen-Blick des Schauens und den Akt der Reflexion.

Das Ineinander von wechselnden Perspektiven und vielschichtigen Überlagerungen und Interferenzen in Hugo Suters Bildwerken liess mich verschiedentlich an die Arbeiten von Georges Seurat denken (die er, wie Suter versichert, nie genauer studiert habe). Seurat ist aber nicht nur wegen seiner wissenschaftlichen Auffassung der Malerei und seiner intensiven Auseinandersetzung mit der visuellen Wirkung von Wasserflächen eine naheliegende Parallele, allein schon seine chromoluministischen Studien und der daraus resultierende lebenslange Versuch, die Realität des Bildes im Akt der Wahrnehmung im Auge des Betrachters zu verwirklichen, wäre Referenz genug. Ich musste vor allem aber an seine *Poseuses* denken, deren komplexe Anlage auf paradoxe Weise einen Innenraum, ein Atelier mit Aktmodellen, mit einer Badeszenerie verbindet, die wiederum wie der Blick aus dem Atelier erscheint. Die erste Irritation wird etwas gemildert, wenn wir die Badeszene als das im Atelier hängende, den *Poseuses* vorangegangene Monumentalgemälde des *Dimanche à la Grande Jatte* identifizieren, doch als Sonntagsspaziergang lässt sich die Wahrnehmung dieses Bildes trotzdem nicht verharmlosen. Denn das Bild im Bild produziert neue Komplikationen, Innen und Aussen und Welt und Bild und Malerlei und Malerei der Malerei vermischen sich auf mehreren Ebenen. Aber das kennen wir schon von Hugo Suter – und darum ein Blick auf Seurat.

Das Eine im Andren

Wäschebild. 1969
Offsetdruck (50 Exemplare)
schwarz / weiss
36×48 cm

Die Barockplastiker haben Figuren geformt, die sich dem Wind entgegenstellen oder ihm entgegengehen (ersichtlich aus den Gewandfalten und den Haaren). Eine eigenartige Situation entsteht dadurch, dass einerseits der Wind in den Gewandfalten «stabilisiert» wurde, andererseits der Wind seine Richtung immer wieder wechselt.

Das mit Giessharz getränkte Tuch wurde in den Wind gehängt, wobei sich das Harz langsam verfestigt und den Wind «gefangen» hat.

Reproduktion aus einer Kunstgeschichte

Windfänger. 1972
Baumwolle, Giessharz, Metalldraht
66×74 cm

Pragelpass 1969
Papiervergrösserung, schwarz/weiss
8×13 cm

Ohne Titel. 1969
Wasserfarbe auf Papier
42×57 cm

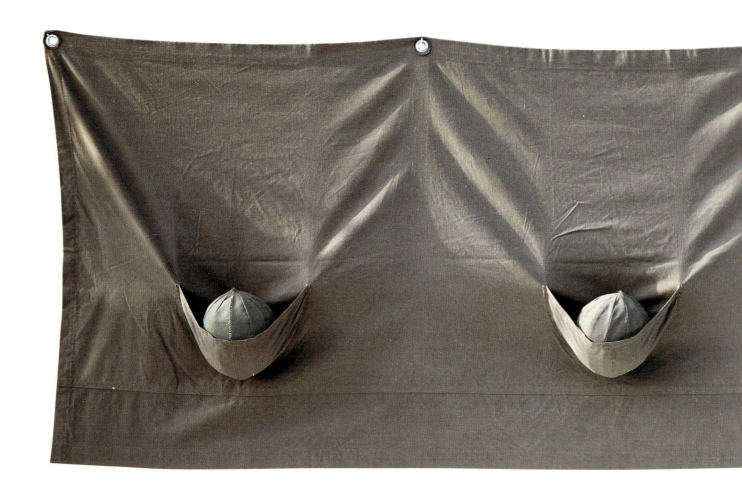

Mossy Stones. 1971
Leinengewebe, Eisenblech
170×590 cm
Sammlung Moderne Kunst
Seedamm Kulturzentrum Pfäffikon

Galerie Lock, St. Gallen. 1972
Ausstellung zusammen mit Josef Herzog

mossy stones   Hugo Suter 71

Ohne Titel. 1969
Holz, Eisenblech, Rostschutzfarbe
21×31×136 cm

Architektur. 1969
26×21 cm
Papiervergrösserung schwarz / weiss

Ohne Titel. 1970
verzinktes Eisenblech
5×87×125 cm

Reihung. 1969
10 Holzplatten, Klavierbandscharniere
je 38×34×1,5 cm

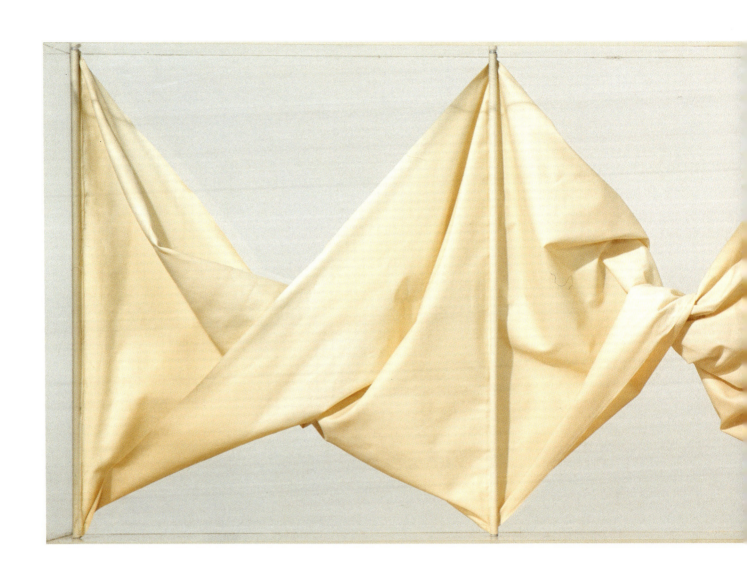

Faltungen. 1969
Baumwolle, Aluminium, Plexiglas
51×153×21 cm

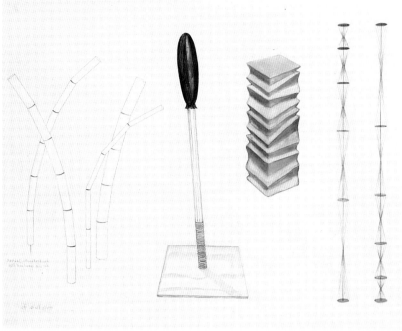

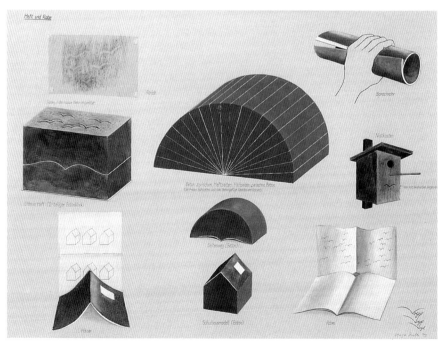

Stengel. 1970
Bauplastikfolie, Metall, Rostschutzfarbe
Höhe zwischen 170 und 244 cm,
Durchmesser je 12 cm

Ohne Titel. 1970
Bleistift, Wasserfarbe und Gouache
auf Papier
75,5×95,5 cm
Collection d'œuvres d'art
du Centre des Deux Thielles, Le Landeron

Segel. 1973
Wasserfarbe und Gouache auf Papier
74×55 cm
Privatbesitz

Heft und Rabe. 1973
Gouache und Bleistift auf Karton
80×110 cm
Stadt Aarau

Montage für Offset I. 1969/71
Montage von Fotopapieren
schwarz/weiss auf Karton
82×74 cm

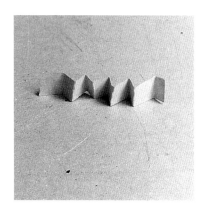   

Während eines Gesprächs entstehen
hie und da Kleinobjekte, die zuweilen
zu absurden Konstruktionen führen.

Selbstvergessenes Bauen. Undatiert
4 Papiervergrösserungen schwarz / weiss,
je 9×9 cm

Bunker. 1972
Beton
(Objekt zerstört)

Modell für einen Bunker. 1973
Kirschbaumholz, verleimt
30×40×50 cm

Vollgegossene Betonklötze mit eingeleg-
ten Armierungsstäben, die, zu seltsamen
Zeichnungen verformt, im Röntgenbild
sichtbar gemacht würden.

Ohne Titel. 1971
Farbvergrösserungen auf Papier

Naturschwamm auf Kunstschwamm.
Dezember 1980
Farbaufnahme Polaroid

Die gescheiterte Hoffnung im Eise. 1970
(nach C.D. Friedrich)
Papiervergrösserung schwarz/weiss
und Farbspray
21×30 cm

Ohne Titel 1990
Papiervergrösserungen schwarz/weiss
je 18×13 cm

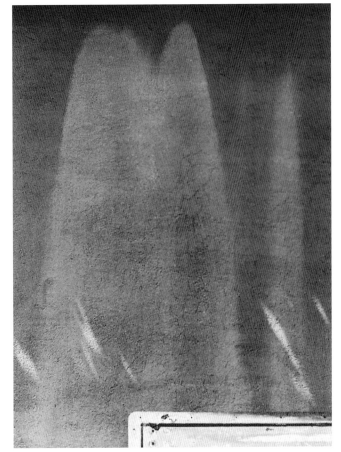

Wasser und Licht, das durch Dachrinnen-
löcher bricht, lässt auf der Wand das Bild
des Springbrunnens entstehen.

Architektur. 1977
Holz, gebeizt
38,5×25×20 cm
(2 Ansichten)

Architektur. 1974
5-teilig
Verformung von ungebrannten
und gebrannten Backsteinen,
dazu ein Bohrkern

Ohne Titel. 1972/77
Beize auf Sperrholz, transparenter Lack
115×78 cm

Ohne Titel. 1973
Eichen-, Birnbaum- und Mahagoni-
holzbeize auf Eichen-, Birnbaum-
und Mahagoniholz
9 Platten
je 30×21 cm

Kunst. 1973
Holzbeize auf Sperrholz
110×80 cm

Ziegelrain 1968 – 1974

Ab 1968 arbeitet Hugo Suter in der Ateliergemeinschaft am Ziegelrain in Aarau, gemeinsam mit Heiner Kielholz, Max Matter, Markus Müller, Christian Rothacher, Josef Herzog und anderen. Keine Künstlergruppe im engeren Sinne, ist der Ziegelrain vielmehr eine Art Labor, in welchem in einer unreduzierten Neugier und Offenheit die neuen Strategien und Haltungen der damaligen Umbruchsituation in der aktuellen Kunst – der Hinweis auf Harald Szeemanns Ausstellung «when attitudes become form» 1969 in der Kunsthalle Bern soll hier genügen – erprobt wurden. Mit dem mittlerweile legendären Ziegelrain gehörte die Kleinstadt Aarau in jenen Jahren erstmals zu den führenden Kunstzentren in der Schweiz, die Tätigkeiten der Künstler am Ziegelrain wurden von den der neuen Kunst gegenüber offenen Museumsleuten und Galeristen aufmerksam verfolgt.

Mit dem Bezug des Ateliers am Ziegelrain gibt Hugo Suter die Ölmalerei auf, wie er sie bis dahin in der Nachfolge und in der Auseinandersetzung mit René Auberjonois und anderen ausgeübt hatte. Er öffnet sich, bereit zum ungerichteten Experiment, verschiedensten Medien und er ersetzt das Motiv im herkömmlichen Sinne oder auch die Abstraktion durch Darstellungen, die sich eher auf Untersuchungsgegenstände oder Beobachtungsfelder beziehen. Es entstehen Objekte und Zeichnungen, vor allem auch Objektzeichnungen, welche unsere gewohnte Sehweise provozieren. Materialien werden so eingesetzt und miteinander kombiniert, dass sie unsere sichere Kenntnis ihrer Eigenschaften und Verhaltensweisen irritieren: Kugeln aus Gras etwa oder Kastanien aus Eisen. So werden Stoffe neu gesehen und neu entdeckt. Als Material untersucht werden auch Blachen, ihre Eigenschaft als hüllendes Behältnis für anderes, ihr eigenes Verhalten zum Beispiel auch im Fahrtwind eines Lastwagens innerhalb der ihnen durch ihre Verschnürung gesteckten Bewegungsgrenzen. Im Sinne der zeitgenössischen Tendenzen untersucht Hugo Suter Alltagsmaterialien und deren Gegebenheiten auf ihre Fähigkeiten oder Möglichkeiten zum bildnerischen Werk hin, und er spürt im Alltag mögliche anonyme Kunstwerke auf – viel später, erst in den achtziger und neunziger Jahren, werden Künstler soweit gehen, im Alltag entdeckte Situationen und Gegenstandskonstellationen, wie er sie damals fotografisch festgehalten hat, als «Sculptures trouvées», fotografiert oder rekonstruiert, unkommentiert in Ausstellungen zu präsentieren. Anderseits untersucht Hugo Suter mit einer vergleichbaren Haltung auch Werke der Kunst, wenn er mit einem elektrischen Ofen und einem Haufen Brennholz Caspar David Friedrichs «Gescheiterte Hoffnung» nachbaut: nicht als Installation, nur als

Vorwand für eine Fotoarbeit mit dem Titel des Bildes. Anderseits demonstriert er Material-eigenschaften und -verhalten unter von ihm selbst geschaffenen Bedingungen oder Versuchs-anordnungen: In der mit Giessharz getränkten Fahne, die sich in der durch den Wind bewirkten Verformung stabilisiert, wird ein Thema vorweggenommen, das die spätere Arbeit wie eine Leitidee bestimmt: die beobachtete Natur, die sich dem Werk gleichsam einge-schrieben hat: das Werk nur als Demonstration der Interdependenz und der Relationen zwischen Elementen und den ihnen ausgesetzten Materialien. In der ironisch hintersinnigen Arbeit der neun je mit ihrer eigenen Beize bemalten Holzbrettchen werden mit den Themen und Problemen um die Darstellbarkeit des Eigentlichen, um Entlarvung durch Verdeckung und um die Tautologie des Kunstwerkes ebenfalls Fragestellungen vorweggenommen, welche die späteren bildnerischen Untersuchungen prägen werden.

Häuschen. 1975
Holz, Meerrohr, farbiges Plexiglas
200×200×80 cm

Schneefallgrenze, La Punt. Oktober 1972
Dispersion auf Plane
255×176 cm
Kantonsspital Baden

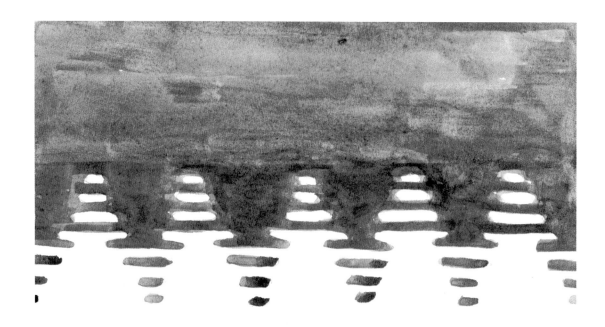

Bäume am See. 1974
Wasserfarbe auf Papier
15,2 × 17,6 cm

Dieses in Jenem. 1974
Wasserfarbe auf Papier
9,6 × 14,5 cm

Bäume am See. 1974
Wasserfarbe auf Papier
14,5 × 14,5 cm

Wenn ich das Wasser besonders
gut malen will, entsteht immer
ein Flugzeugträger. März 1978
Wasserfarbe auf Papier
11,6 × 17 cm

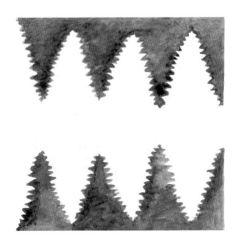

Glas. 1974
geätztes Glas, Holzrahmen
38×96 cm

Ohne Titel. 1977
Tannenholz, sandgestrahlt und
geschliffen
29×75×1,5 cm

See. 1974
Wasserfarbe auf Karton
80×80 cm
Kunstmuseum Olten

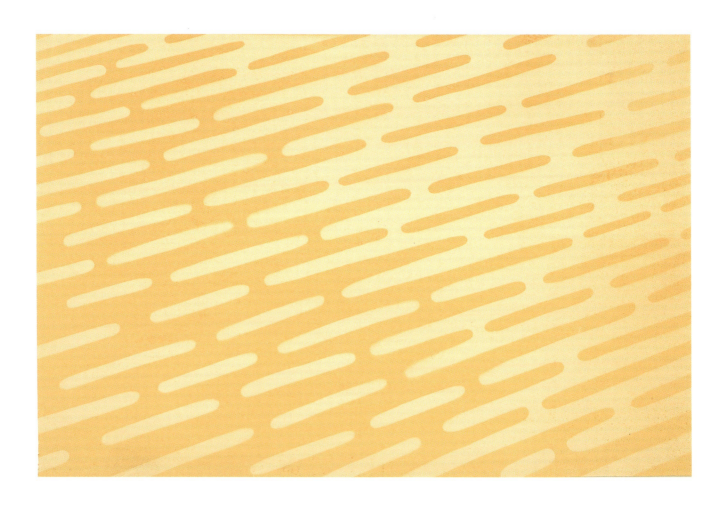

Vergilbung. 1974
Holzkarton
71,5×108 cm

Regenbild. 1973
Kobaltchlorid auf Papier, auf der Rückseite
Kupferdraht auf Holzplatte. Im Aussenraum befindet sich ein «Regenfühler».
90×128×4 cm

Modell. Undatiert
Acrylfarbe auf Holz
30×242 cm

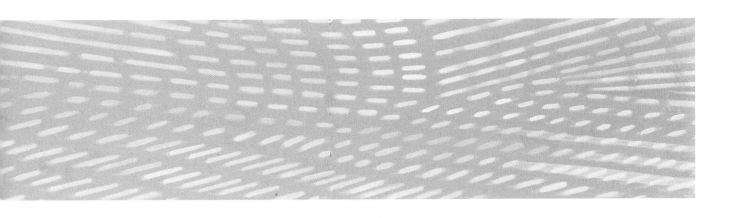

Für Eugen Maurer. 1978
6 Tafeln, Papier auf Holz, Holzkassette
je 55×44,5 cm

Seengen. 1973
Wasserfarbe auf Papier
41×32 cm

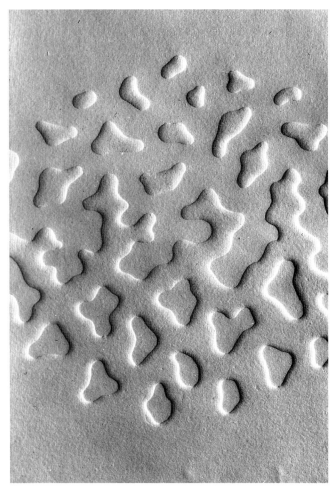 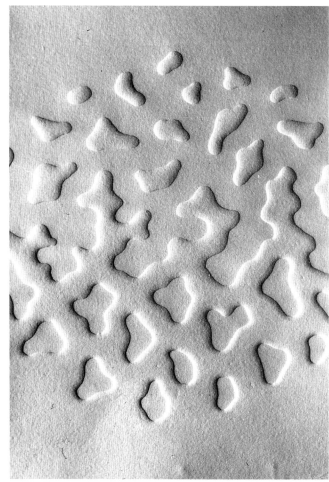

Dieses in Jenem. 1990
Blindprägung auf Kupferdruckpapier
29,7×21 cm
(2 Lichtsituationen)

Baum am Wasser. 1980
Dispersion auf Papier
66×92 cm
E. Lüscher, Seengen

Wellenfang. 1983
Acrylfarbe auf Karton
98×75 cm

Seengen 1974 – 1982

1972 zieht Hugo Suter nach Seengen an den Hallwilersee, im Aarauer Atelier am Ziegelrain arbeitet er aber noch bis 1974. Die Fläche des Sees, der direkt unter seinen Augen liegt, wird ihm zum ebenso naheliegenden wie auch idealen Gegenstand seines Interesses an Wahrnehmungsvorgängen, der ständigen Veränderung der Seefläche im wechselnden Licht sucht er sich anzunähern mit einer Bildform, welche die definitive Fixierung des Gesehenen zu umgehen trachtet: «Der Blick vom Haus, das er bewohnt, begrenzt eine beträchtliche Seefläche. Er sieht sie täglich, sieht eine glitzernd-bewegte Fläche, eine dichte oder breitmaschige Lichtschatten-Netzstruktur, je nach Wind und Wetter zerdehnt oder ineinandergeschoben, aber auch eine stumpfe Fläche» (J.-Ch. Ammann, 1976). 1972 hat er ein Phänomen, das ihn von jetzt an ständig beschäftigen wird, erstmals mit der durchlässigen Zone einer Schneefallgrenze dargestellt: Die Grasfläche, auf der zaghaft erst, dann immer dichter Schnee liegt, geht über in die weisse Schneefläche, die immer weniger Grünanteile zeigt: eines der ersten Werke, das ausdrücklich mit der Formel des Einen im Andern, die hier für die ganze bildnerische Arbeit in Anspruch genommen wird, auf den kürzesten Nenner gebracht werden könnte. Wenn die Schneefallgrenze sich noch relativ langsam verschiebt und das Eine nicht sofort ins Andre aufgeht, so verschieben und verändern sich die im Licht der Sonne reflektierenden und die von leisester Brise gekräuselten Flächen und Strukturen auf der See-Oberfläche, aber auch die vom Wasser reflektierten Bilder in jedem Augenblick. Hugo Suter malt nicht herkömmliche Seelandschaften, der Hallwilersee ist ihm nicht mehr das pittoreske Motiv, das bei der älteren Generation der Aargauer Maler so beliebt war. Ihn beschäftigen Seh-Erlebnisse und Seh-Erfahrungen; dennoch: dem von ihm am meisten geschätzten der traditionellen Hallwilersee-Maler, Eugen Maurer, wird er 1978 eine Kassette mit eigenen Bildern des Sees widmen.

In den frühen Arbeiten nach dem Umzug nach Seengen, die noch im Atelier in Aarau entstehen, treffen der neu entdeckte Gegenstand der Untersuchung und die experimentelle Suche nach neuen, von der beobachteten Natur quasi selbst geschaffenen Bildern zusammen: Das monochrome rosa «Regenbild», dem sich bei feuchter Witterung blaue Spuren, wie von Regentropfen, einschreiben oder, deutlicher Reflex auf den Materialeinsatz, wie ihn die Arte Povera ermöglicht hat, die Kartonfläche, die im Prozess ihrer Vergilbung ein abstraktes Muster mit der Zeichnung der Struktur einer Wasserfläche hinterlässt.

«Beim Sonnenlichtaufprall zerspringt des Sees Glas in tausend Splitter»: Mitte der siebziger Jahre beginnt Hugo Suter, mit Glas zu experimentieren und findet damit zu jenem Material, das seinen Intentionen vom flüchtigen Bild am stärksten entgegenkommt. Er bemalt das Glas, er überträgt seine Zeichnung mit Ätzungen oder durch Sandstrahlung ins Glas, er belässt es transparent und er verspiegelt es. Das Glas reflektiert, wie die glatte Wasserfläche, und es wird stumpf, wie die windbewegte Seefläche, wenn es in der Bearbeitung matt gemacht wird. Und das Bild verändert sich, wenn der Betrachter sich davor bewegt, oder wenn sich die hinter dem Bild liegende Aussenwelt verändert. Das Eine scheint im Andern auf und Bilder beginnen sich zu überlagern: Es kann nun zwischen den gemalten oder geätzten Wellen des ins Fenster gehängten See-Stückes und den Wellen des durchs Bild-Fenster gesehenen Hallwilersees zur Interferenz kommen. Interferenz ist, wir werden es sehen, ein Schlüsselbegriff für dieses Schaffen: Es geht um die Erscheinung und um ihre Spiegelung, und um ihr Bild auf der Netzhaut ebenso wie auf der Glasscheibe.

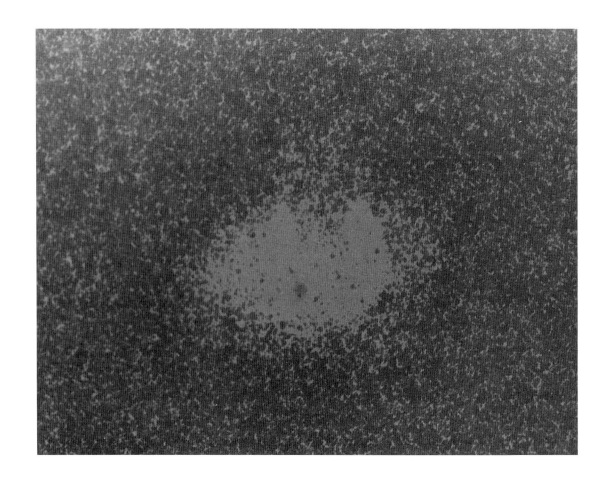

Auf einem Karton im Regen
gestanden. 1990
Papiervergrösserung schwarz / weiss
11,1×14,4 cm

Mit schneller Handbewegung wegge-
wischter Staub auf einem Glas,
das die Reproduktion von Böcklins
«Pan im Schilf» überdeckt. 1988
Papiervergrösserung schwarz / weiss
18,4×13,9 cm

Linse aus Eis, ein Schiffchen aus
Zeitungspapier entzündend und im
Wasser der Metallschale verschwindend.
Sommer 1995
2 Papiervergrösserungen schwarz/weiss
je 18×13 cm

Eisschiff, langsam zerfliessend. 1992
3 Papiervergrösserungen schwarz/weiss
je 15×13 cm

Den Frühling Erwartender. Um 1989
Holz, Eis
Figur: 6,2×5×1,8 cm

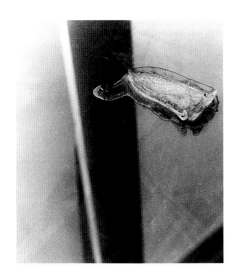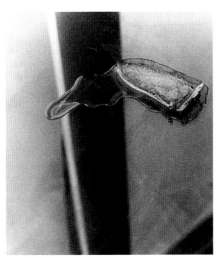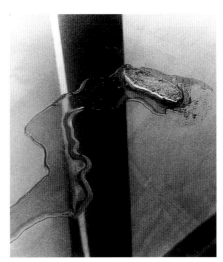

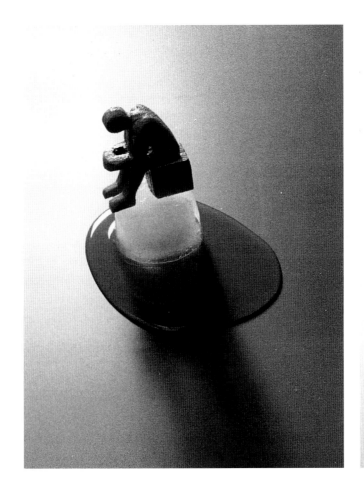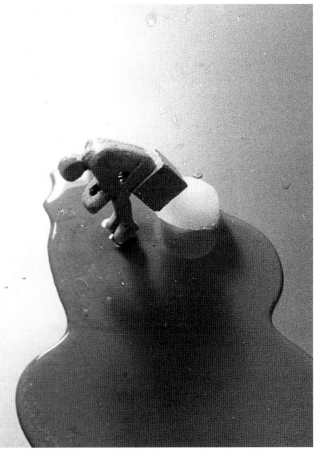

Die Tiefdrucke handeln

1 vom Glasputzzeug (Ajax, Schwamm,
Spritflasche, Hirschleder, Gummirakel),
das, von der gläsernen Tischplatte
des Wägelchens abgeräumt, staubfreie
Aussparungen mit schärferen und
diffuseren Umrissen hinterlässt;

2 von der Spiegelung des Fensterkreuzes
auf einer nassen,
am Wägelchen lehnenden Scheibe;

3 vom abtrocknenden Mattglas mit äusserst weichen Übergängen vom Dunkeln
ins Helle;

4 von dem mit einer opaken Plastikhülle
abgedeckten Mikroskop, was mich
an die Erscheinungen des gallertartigen
Planktons erinnert;

5 von diffundierender Nässe an der lecken
Gipsdecke und der senkrecht darunterlie-
genden Lache mit wiederholter Spiegelung
des Fensterkreuzes (das Kreuz als Flächen-
und Raumkoordinate);

6 vom letzten verdreckten Schneebrocken
am Strassenrand,
der sich im Sonnenschein verflüchtigt.

Erst sieben Durchsichten. 1993
Kartonmappe mit 6 zweifarbigen
Heliogravuren
je 38×51 cm
Auflage: 11 Exemplare

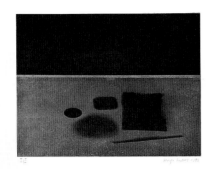

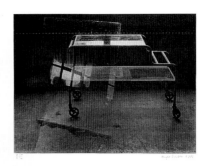

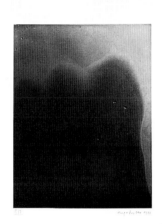

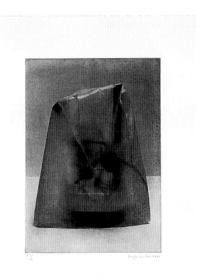

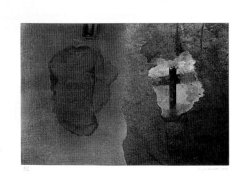

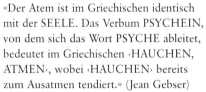

«Der Atem ist im Griechischen identisch
mit der SEELE. Das Verbum PSYCHEIN,
von dem sich das Wort PSYCHE ableitet,
bedeutet im Griechischen ‹HAUCHEN,
ATMEN›, wobei ‹HAUCHEN› bereits
zum Ausatmen tendiert.» (Jean Gebser)

Hauchbilder, Taubilder
«Bilder, welche entstehen, wenn man z.B.
ein Petschaft auf eine polierte Metallfläche
stellt und nach Fortnahme desselben
die Stelle anhaucht. Von Moser 1842 entdeckt.» (Brockhaus)

Hauchbild. 1993
(Ausschnitt)
Hydrophilbeschichtung auf Glas,
Siebdruck
116×47 cm

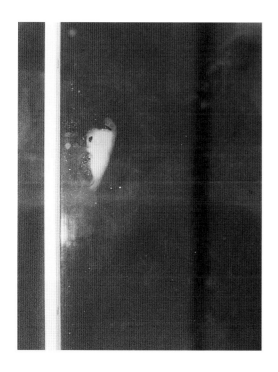 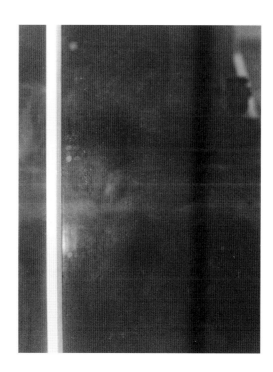

Daumendrehender Maler. 1982–1986
Alte Kantonsschule Aarau
(Ausschnitt aus der Glasbilderfolge)
Sandgestrahlte und geätzte Gläser

Okoumé
Polygrafische Schachtel

Okoumé ist das Echo des Glases mit nachmittäglichen Licht-
bildern auf dem Steinboden. Okoumé bildet ein schwankes Gleich-
gewicht und besteht nur für einen Moment: ein Zittern des
Lichts genügt, eine aufziehende Wolke, und die Lichtbilder werden
schwächer, bis sie flackernd in gärenden Schatten erlöschen.
Okoumé ist der fixierte Augenblick, den das Glasbild selbst nicht
zeigt. Hinter dem Rücken gibt es keine Glasbilder. Okoumé
ist die Zeit, die verbleibt, bis die Wellen des Steinwurfs den Blick
auf den Seegrund überfluten. Okoumé ist auf der windflattrigen
Flagge das Emblem, dessen Gestalt sich einer Festlegbarkeit
entzieht. Okoumé ist die List des Druckers, wenn die Witterung
den braunen Stumpen auf dem Plakat zu Blau hin verfärbt.
Es ist jenes blässliche Blau, das im Tabakrauch erscheint. Blau ist
die beständigste und zugleich kurzlebigste Farbe. Okoumé
ist das Holz, aus dem die Schachteln gefertigt werden. Okoumé
ist Grund genug, über die Oberfläche nachzudenken. Okoumé
ist der Abstand im Alltäglichen als Seele des Schönen.

H.S.

Die Siebdrucke zeigen Licht- und Schattenzeichnungen als
Abstrahlungen von sandgestrahlten und geätzten Zeichnungen
im Fensterglas (Bilderfolge in der verglasten Sockelzone
der Alten Kantonsschule, Aarau).

Bei Sonnenlichteinfall ziehen sich die Projektionen der diaphanen
Bilder über Bodenflächen, Stühle und Tische.
Sie lassen das Aussehen der bearbeiteten Scheibenpartien erahnen,
ohne sie je zu zeigen.

Die Aura der Bilder
Im Zusammenhang mit dieser Glasbilderfolge entsteht im April
1988 ein Video-Film (Konzept und Realisation: Bernhard Lehner,
Charles Moser; Text: Beat Wismer; Videoediting: Heinz Frutiger).
Es geht dabei nicht um die filmische Dokumentation eines
Kunstwerks, sondern um die Erprobung von bildgestalterischen
Operationen mittels der elektronischen Bildverarbeitung.
Z.B.: Überlagerungen von Aussen- und Innenraum in der Gleich-
zeitigkeit – Schichtung der hintergrund-befreiten Bildteile – Ambi-
valenz von «Motiv» und Hintergrund, von «Motiv» (Glaszeich-
nung) und Beweggrund (Autos, Menschen, windbewegte Bäume).
Am Ort des filmischen Geschehens steht ein Schulgebäude
aus den sechziger Jahren, das auf sehr schöne Art die fliessenden
Übergänge von Innen- und Aussenraum zeigt. Die Architekten
Barth und Zaugg haben ein Werk geschaffen, das beispielhaft
in der Nachfolge von Mies van der Rohe steht.

Okoumé. 1985
1 Siebdruckätzung auf Glas
1 Folienprägedruck auf Holz
6 Siebdrucke auf Papier
12 numerierte und signierte Exemplare
je 38×50 cm, resp. 50×38 cm

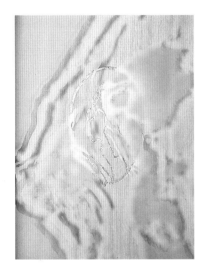

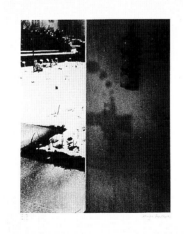

Tagebücher. 1979–80, 1980–82, 1981–84
(gebundene Fotokopien)
Metallhalterung, grau lackiert
24×35×27 cm

Baumblätter mit Nassinseln auf einem
Blechtisch. 19.7.1981
Fotokopie von Papiervergrösserung
9,2×12,8 cm

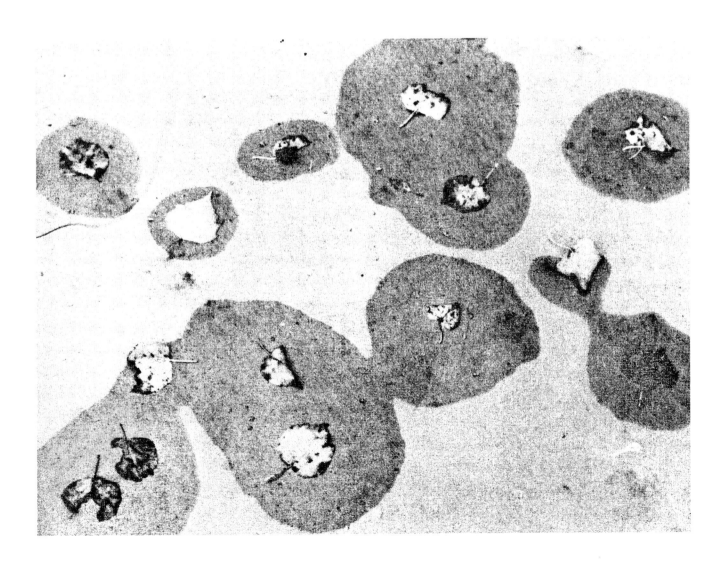

Geographie
Mit wacher Aufmerksamkeit beobachtete
ich in der Schule immer die Schwamm-
spuren, den Rückzug und das Verschwinden
der Nassinseln. Diese Ereignisse waren
erregender als die vorgängig vom Lehrer
aufgezeichneten Kreideumrisse eines
Kontinents.
Die Welt muss gegen die Weltbilder
wieder zu ihrem Recht kommen.

Schwammtaucher. 1980
Siebdruck auf Holz, Leinen
Unikat
(abtrocknende Nassinsel auf Wandtafel,
mit Kreideumrissen)

Liège-Bastogne-Liège. 1990
Acrylfarbe und Siebdruck auf
MDF-Platten
Auflage: 3 Exemplare à 9 Platten
je 59×39×1 cm

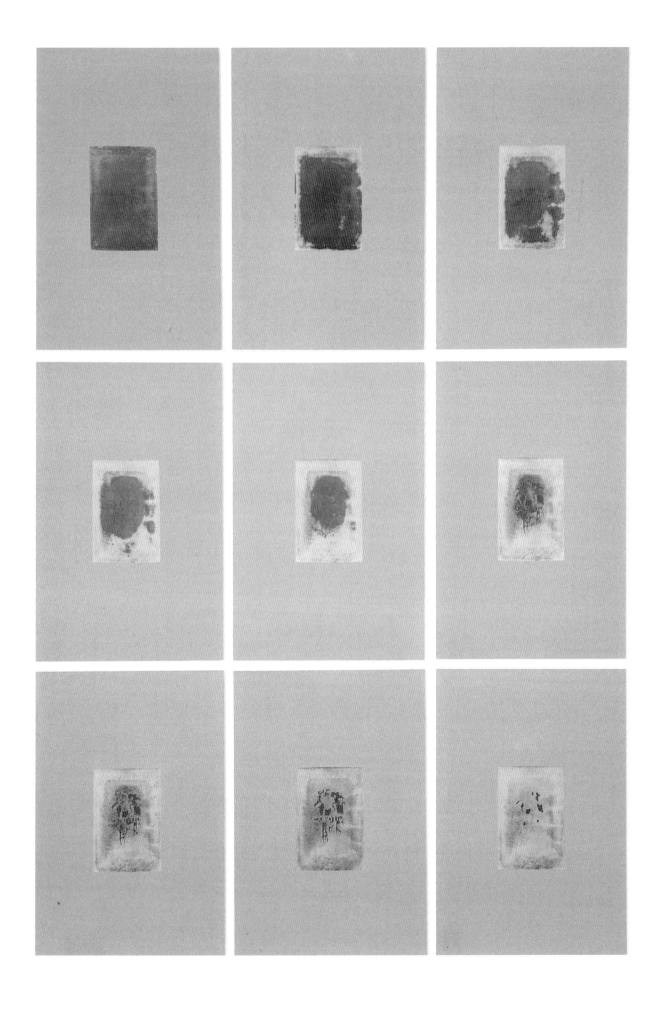

Durch die Spiegelung der Fensterrahmen
sind auf einem Stück Plastik, das zufällig
auf dem Tisch lag, Gestalten aufgetaucht.
Auswahl aus 9 von 72 Aufnahmen, die am
Nachmittag des 2.1.77 entstanden sind.

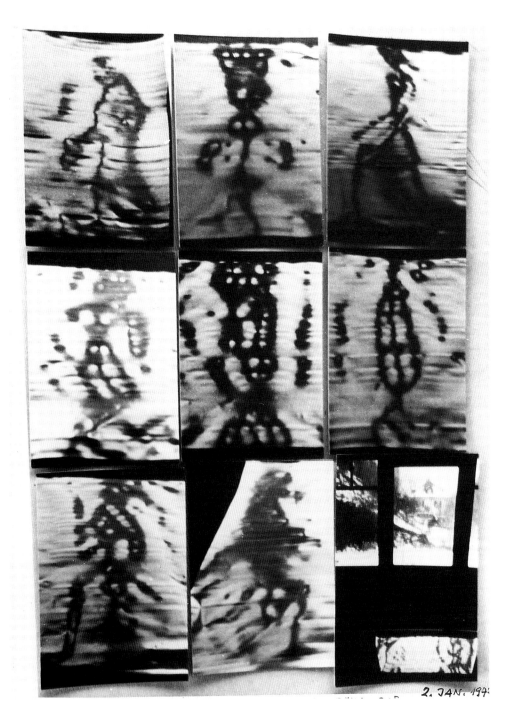

Oberflächentaucher 1977
Ausschnitte aus 9 Folienwänden,
schwarz/weiss
je 60×90 cm

Ohne Titel. 1977/79
Farbvergrösserungen auf Papier
71,5×34 cm

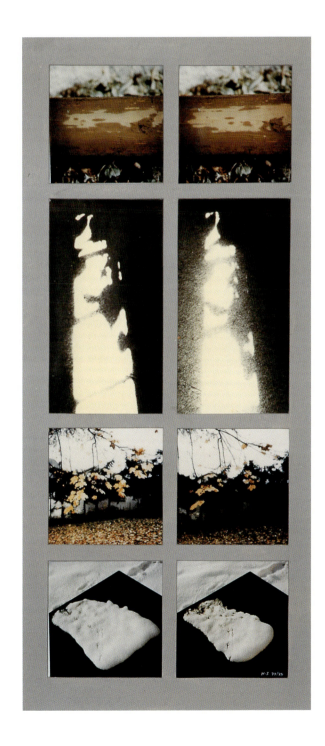

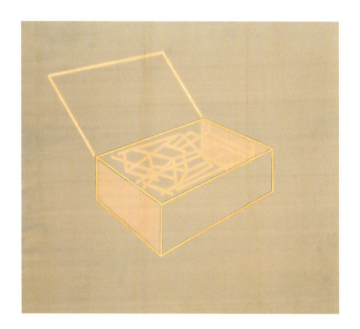

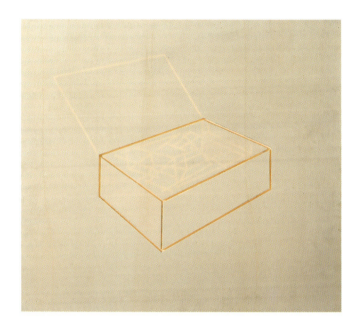

Ohne Titel. 1996
Pappelsperrholz, 5 mm, mit beidseitiger
Gravur (Durchlicht und Auflicht)
50×55 cm

Tagwerk / Nachtwerk. 1995/96
rechts: 4 Glasdruckplatten,
oben: je 29×26 cm, unten: je 41,5×30 cm
links: 2 Hyalographien als Abzüge auf
Papier, oben: 58×48 cm, unten: 58×43 cm
(Durchlicht und Auflicht)

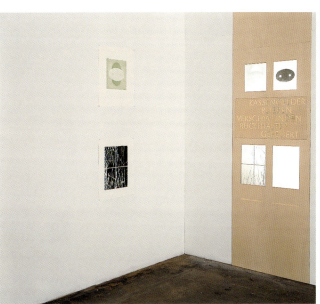

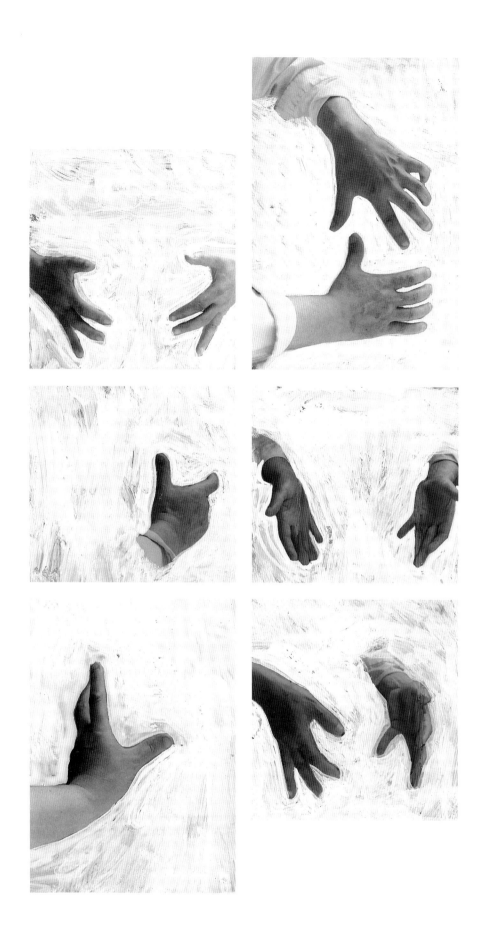

Glaskugel formend. 1996
mit Gouache übermalte Papiervergrösserungen schwarz/weiss
24,5×14,5 cm

Handwerk-Tagwerk. 1996
Pappelsperrholz, 5 mm, mit beidseitiger
Gravur (Durchlicht und Auflicht)
121×121 cm

 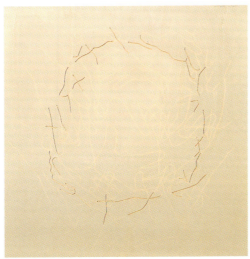 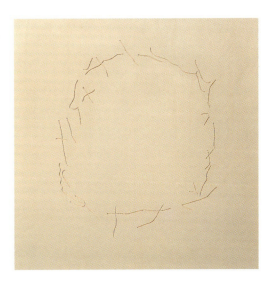

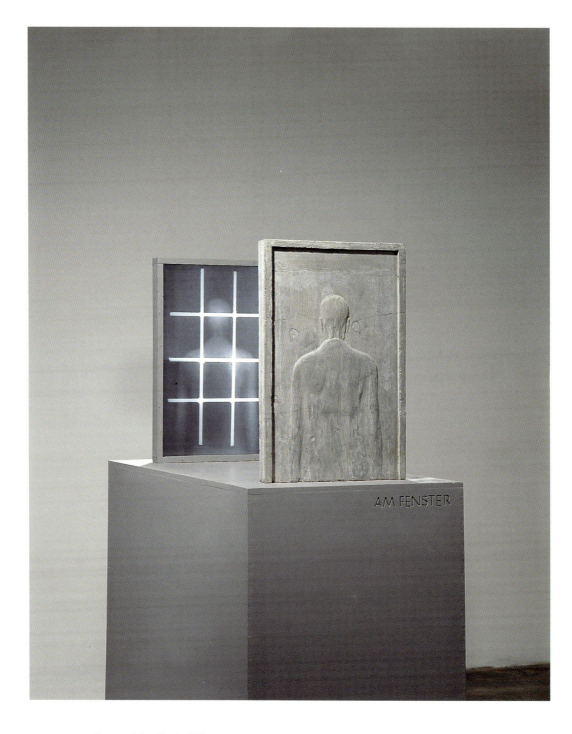

Am Fenster. 1992
2-teilig, Betonrelief, 60×40×5 cm
Röntgenfilm, Glas, Holzrahmen
60×40×5 cm

Glaser auf dem Dach. 1995
16 Papiervergrösserungen schwarz/weiss
je 6,5×4,2 cm

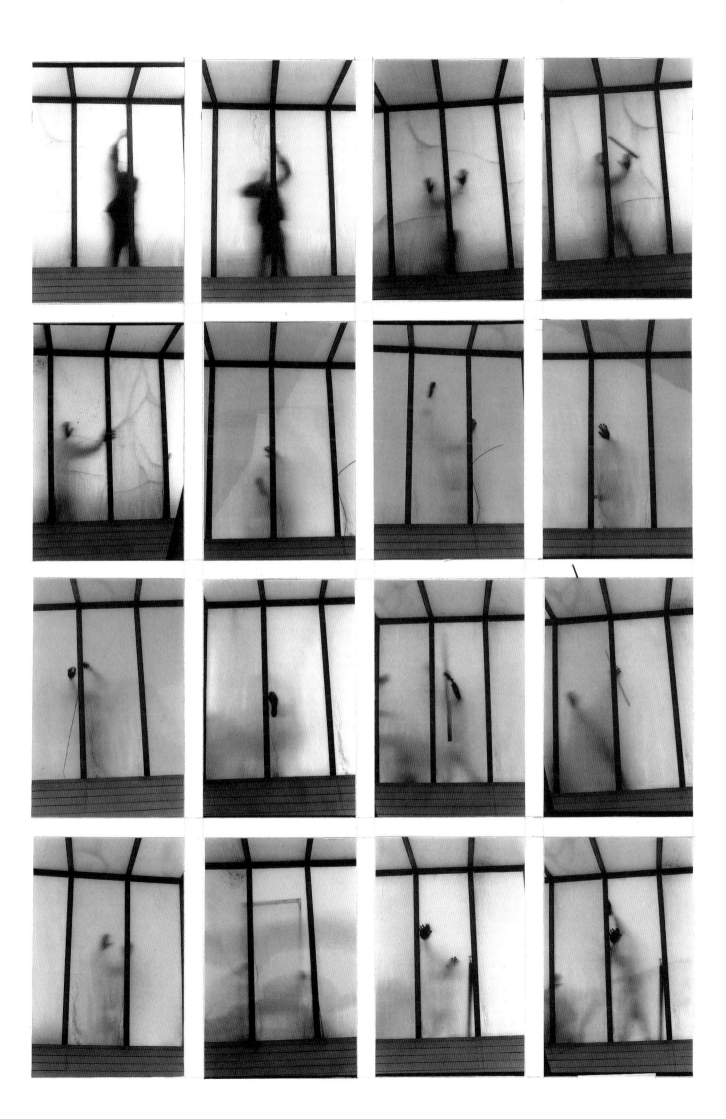

Daumendrehender Maler

Eingefügt sei hier eine Bemerkung zur Rezeption der Arbeit von Hugo Suter. In den frühen siebziger Jahren wird sein Name im Zusammenhang mit jener Haltung genannt, die von Jean-Christophe Ammann mit «Visualisierte Denkprozesse» umrissen wurde, und seine Arbeitsansätze werden in das Klima und die Mentalität einer «Neuen Innerlichkeit» situiert. Er gehört, zusammen mit den Ziegelrainern Josef Herzog, Heiner Kielholz und Christian Rothacher, zu jenen Künstlern, die Theo Kneubühler 1972 unter dem Titel «Kunst: 28 Schweizer» in einer Publikation vorstellte, deren Absicht mit «Versuch einer Standortbestimmung schweizerischen Kunstschaffens (...) unter Berücksichtigung des internationalen Kunstgeschehens» erklärt wurde und die heute noch als herausragend wichtige Quellenschrift zur Schweizer Kunst und zum künstlerischen Klima der Umbruchzeit nach 1968/69 geschätzt wird. 1976 und 1981 ist Hugo Suter in zwei sehr wichtigen Gruppenausstellungen im Kunstmuseum Luzern vertreten. Obwohl er nicht im eigentlichen Sinne und zuerst ein Zeichner ist, präsentierte Jean-Christophe Ammann ihn mit Glas-Arbeiten und dem «Häuschen» von 1975 richtigerweise im Rahmen der Ausstellung «Mentalität: Zeichnung»: Tatsächlich ging es Ammann darum, «Zeichnung (das Zeichnerische) aus dem Blickpunkt der Mentalität zu erfassen (also nicht im Hinblick auf deren/dessen technische Beschaffenheit)». Im selben Katalogvorwort spricht Ammann von Kunst und Regionalismus, und damit von einem Thema, dem sein Nachfolger am Kunstmuseum Luzern, Martin Kunz, 1981 unter dem Titel «Regionalismus/Internationalismus» eine grossangelegte Ausstellung zur Schweizer Kunst der siebziger Jahre widmen wird. Im Rahmen dieser Ausstellung vertritt Hugo Suter mit seinem weiten, gerade nicht provinziell verengten Blick, und mit seiner ebenso verästelten wie vertieften Wahrnehmungsuntersuchung zum komplexen Verhältnis von Vor-Bild, Bild und Nach-Bild, die auf das Naheliegende angewendet wird, auf die eigene Region nämlich, welche stellvertretend für die Welt steht, eine exemplarische Position – eine Position und Sichtweise, für die wir in der Literatur, mutatis mutandis, Entsprechungen etwa bei Robert Walser oder bei Gerhard Meier finden könnten.

1978 beginnt Hugo Suter die Arbeit an fünf Fensterrahmen aus einem Abbruchhaus. Diese bilden die Keimzelle gewissermassen des Paravents, an dem er über Jahre kontinuierlich, wie an einem monumentalen Tagebuch, weiterarbeitet. Erst 1995, nachdem die riesige Assemblage auf über fünfzig, mit allen möglichen Techniken der Glasbearbeitung spielenden Teile angewachsen ist, gibt er die Arbeit daran auf. (Der Paravent wurde in verschiedenen

Stadien des Anwachsens präsentiert, wir drucken hier die Beschreibung der Arbeit ab, die Max Wechsler anlässlich der Ausstellung im Kunsthaus Zürich 1988 verfasst hat; s. S. 93).

Auf den Erfahrungen, die er während der Arbeit am grossen, aber mobilen Werk des Paravents gewonnen hat, basiert die umfassende Glasbilderfolge «Daumendrehender Maler», die Hugo Suter zwischen 1982 und 1986 für die Alte Kantonsschule Aarau geschaffen hat: zweifellos das repräsentativste Werk, das er bis heute im Bereich der Kunst am Bau realisieren konnte. Die Sockelzone des kompromisslos modernen Erweiterungsbaues ist rundum verglast, die Glasflächen von drei der vier Seiten benützt Suter als Trägermaterial für seine Bildinstallation. Mit der Transparenz ihrer Sockelzone will die Architektur die Grenze zwischen Innen und Aussen negieren, mit seinem Eingriff weist Suter aber mit Nachdruck und entlarvend auf die Materialwirklichkeit des Glases und damit auf die tatsächliche Realität der Grenze hin. Die Installation wird durch zwei gleichwertige Teile bestimmt, deren bildhafte Ausgestaltungen sich in polarer Anordnung am Anfangs- respektive Endpunkt der Installation finden; der eine Teil bezieht sich auf die subjektive Lebenswelt des Künstlers – auf die Bilder, die er von zuhause, aus dem Atelier und vom See mitbringt –, im anderen Teil akzeptiert der Künstler die Faktizität und die Erscheinung des am Ort Vorgefundenen: den Ort, an dem seine Arbeit entsteht. Zwei Ausgangspunkte – die spezifische Situation des Ortes und die subjektiven Bedingungen des Künstlers – werden als gleichberechtigte akzeptiert und auf der zwischen ihrer jeweiligen Darstellung liegenden Glasfläche, in einem ständigen bildnerischen Dialog, einander zugeführt: das Erinnerte und das Gesehene verbinden und überlagern sich zu neuen Bildern.

In dieser permanenten Glas-Bild-Installation treffen wir auch erstmals auf ein Motiv respektive auf ein Darstellungsproblem, dem Hugo Suter in der Folge viel Aufmerksamkeit zukommen lassen wird: gehört das flüchtige Bild generell zur Leitidee dieses Schaffens, finden wir hier eine mit Siebdruck aufs Glas übertragene Zeichnung, die eine Strichformation darstellt, wie sie etwa von Kindern auf zuvor angehauchte, also beschlagene Fenstergläser mit dem Finger gezeichnet wird: der Prototyp des flüchtigen Bildes, hier allerdings (noch) unveränderlich aufs Glas fixiert. Es gilt, der Idee des flüchtigen Bildes zu adäquater Erscheinung zu verhelfen.

Wir finden das Hauchbild, allerdings mehr unter dem Aspekt der erscheinenden Farben als unter jenem der Zeichnung, bereits in Goethes Farbenlehre: Wir zitieren hier trotzdem aus der Beschreibung des Phänomens, weil Goethe von etwas spricht, was auch Hugo Suter interessiert:«Wenn man eine angehauchte Glasplatte mit dem Finger abwischt und sogleich wieder anhaucht, sieht man sehr lebhaft durcheinander schwebende Farben, welche, indem der Hauch abläuft, ihren Ort verändern und zuletzt mit dem Hauche verschwinden. (...) Wie nun diese Versuche sich am besten in der Kälte anstellen lassen, weil sich die Platte schneller und reiner anhauchen lässt und der Hauch schneller wieder abläuft, so kann man auch bei starkem Frost, in der Kutsche fahrend, das Phänomen im grossen gewahr werden, wenn die Kutschfenster sehr rein geputzt und sämtlich aufgezogen sind. Der Hauch der in der Kutsche sitzenden Personen schlägt auf das zarteste an die Scheiben und erregt sogleich das lebhafteste Farbenspiel …».

Ein anderes Phänomen hatte schon den Schüler fasziniert, und der Erwachsene erinnerte sich, nach einem Regentag, am Gartentisch wieder daran: die Bilder, die auf der zuvor mit dem feuchten Schwamm glanzschwarz geputzten Wandtafel im Prozess des Trocknens auftauchen, sich herauslesen lassen, bis sie, nachdem sie mehrfach die Gestalt gewechselt haben, vom grundlosen Dunkel aufgehoben werden. Das müsste doch heissen, dass die Bilder im Material des Trägers latent sich schon befinden und dass sie also auch, durch Veränderung der äusseren Bedingungen, aus dem Material herauszuholen sein sollten. Es geht um die Veränderung von, den Begriff weit und auch metaphorisch gefasst, Aggregatszuständen. Davon berichtet der Schwammtaucher, in diese Richtung zielen nun die Versuche, ein Glas so zu beschichten, dass ihm durch Anhauchen – durch die Seele Einhauchen – ein latentes Bild entlockt werden könnte. Die gefangenen Bilder, die Bilder im Glas, die Bilder im Holz: Das Anhauchen möchte die einen befreien, das Tageslicht erlöst die andern: Auf dem Tisch liegend, zeigt die Gravur im Pappelholz nur die geschlossene leere Schachtel, gegen das Licht gehalten, öffnet sich jene und gibt den Blick auf ihren Inhalt frei. Oder umgekehrt, wenn die in Holz gravierten Zeichnungen vor dem Fenster hängen: Im Tageslicht, im Durchlicht, liegt der Inhalt der Schachtel frei und sichtbar vor uns, im Zwielicht zieht er sich zurück, und in der Nacht, wenn das Brettchen nur noch Licht von innen, also von vorne empfängt, präsentiert sie sich dem Blick gerade noch als leere Schachtel, als lineare Konstruktion, nur noch als Kontur.

Fast beiläufig, und doch, wie aufschlussreich und zu sinnierender Betrachtung anregend, die Präsentation einer Geste: Im Atelier eine Reproduktion mit Böcklins «Pan im Schilf», darüber eine mit dickem Staub bedeckte Glasscheibe, von dieser nun mit einer schnellen Handbewegung den Staub partiell weggewischt. Innere und äussere Bewegung: die Hand wischt in der Gegenrichtung zum windbewegten Schilfrohr. Das Bild, falls wir es denn so nennen wollen, könnte mit den Fragen, die es aufwirft, ein Buch über die Geschichte der neueren Malerei einleiten, und tatsächlich erinnert es an ein sehr frühes grau-weisses Gemälde (die erste Nummer im Oeuvrekatalog, datiert 1962) von Gerhard Richter – ein naturalistisch dargestellter Tisch, mit einer tachistisch heftigen Geste übermalt –, das bereits im Kern die zentralen und profunden Fragestellungen enthält, mit welcher dieser das Medium grundlegend reflektierende Maler die Malerei konfrontiert hat.

Wie verändert sich ein Bild unter welchen äusseren Bedingungen? Wer nur den Frühling erwartet und sich um die Veränderungen, die der Wechsel der Jahreszeiten mit sich bringt, foutiert, riskiert, auf die Nase zu fallen.

Paravent. 1978–1982
25 durch Scharniere verbundene
Holzrahmen, diverse Techniken
je 178×100×3 cm
Ausstellung im Aargauer Kunsthaus,
Aarau 1982

Die ganze Scherbe

Man stelle sich in einem Raum Glasflächen mit Zeichnungen vor,
die sich vielfach und mit unterschiedlichen Winkeln überschnei-
den. Ein gläsernes Tagebuch, ein Raumbuch, in dem die einzelne
Zeichnung sich im allgemeinen Durchscheinen verliert, dieses
sich in jenem spiegelt und das einfallende Sonnenlicht einen Bereich
stärker aufscheinen lässt. Das Ausschnitthafte löst sich auf in
Hellungen, in deren Aura auch das Daneben- und Dahinterliegende
Gegenwart hat. Eine Häufung von Mustern aus Tagen und
Jahren scheint sich in den rohen Stoff sinnlicher Empfindungen
zurückzuverwandeln.
Die Instabilität eines Zustandes wird dabei nicht verhüllt, sondern
bejaht und betont. Der Betrachter wird auf die Frage nach seinem
Standpunkt zu den diaphanen Zeichnungen im Raum verwiesen.
Er sieht den einzelnen Teil und erahnt im Durchscheinen das
Ganze. Die beschränkte Perspektive einerseits und die Möglichkeit,
sie auf die Gesamtsicht hin zu übersteigen. Das Ich-hier, dem
zufällig diese und nicht jene Seite ansichtig ist, und das Ich, in
dem diese Zufälligkeit aufgehoben ist, weil die durchscheinenden
Zeichnungen aperspektivisch von der «gebündelten Unendlich-
keit» berichten.

H.S.
November 1991

Paravent. 1978–1991
38 Holzrahmen, diverse Techniken
je 178×100×3 cm
Ausstellung im Kunstverein Herford,
Nordrhein-Westfalen 1991

Logos, Licht und Lüge haben im Indo-germanischen die gleiche Wurzel

PARAVENT
Bilder an Bilder, endloser Bildbann, als müsste man immer wieder Bilder mit Bildern austreiben.

Die Realität entsteht genau an dem Punkt, an dem die Widersprüche sich überkreuzen, dort, wo sie sich gegenseitig auszulöschen versuchen. Der Prozess der versuchten Auslöschung, das ist die Entstehung von Realität.

Nicht die Sache «Objekt» und nicht die Sache «Subjekt», sondern der Sachverhalt «Objekt-Subjekt» ist real zu nennen. Realität meint nicht Sachen, sondern Relationen.

Beim Einnachten durchs Fenster schauen und zur Hälfte das Licht im Innenraum und zur Hälfte den Aussenraum sehen.

«Glas sind alle Stoffe, die strukturmässig einer Flüssigkeit ähneln, deren Zähigkeit bei normalen Umgebungstemperaturen aber so hoch ist, dass sie als fester Körper anzusprechen sind.»

Formel:
Durchsicht + Spiegelung = Matt

Bilder wie Filter davorschalten, damit das Dahinterliegende, das, was immer da ist, plötzlich neu erscheint.

Kunst als ein zweideutiges Ineinander und Gegeneinander von Sein und Schein, Wahrheit und Täuschung, Sinnlichkeit und Reflexion.

H.S.

«Das Werk als materiales, in stetiger Bewegung befindliches und nur im jeweiligen Vollzug sich konstituierendes Ensemble, dessen Prozesscharakter inhaltliches Verstehen erschwert, vielleicht gar verunmöglicht, dafür aber den Rezipienten zum Co-Produzenten aufwertet.»
Felix Philipp Ingold: «Das Buch im Buch» (Berlin 1988)

«Mit dem Durchscheinen hat auch das Darunter- und Dahinterliegende Gegenwart und das Danebenliegende erhält einen Anschein.»
(Jean Gebser zur Aperspektive)

«Hinter allem steht die Idee von einem Kunstwerk, das so viel Leben in sich aufgesogen hat, hingerissenes, gelassenes, verzweifeltes, dass es als Form selbst naturgleich geworden ist. Das Ziel ist nicht, die Dinge in Sprache zu verwandeln, sondern die Sprache zu finden, die die Dinge sind.»
(Ausschnitt aus dem Klappentext zu Peter Handkes «Geschichte des Bleistifts», Frankfurt a.M. 1982).

Paravent. 1978–1991
38 Holzrahmen, diverse Techniken
je 178×100×3 cm
Ausstellung im Kunstverein Herford,
Nordrhein-Westfalen 1991

Ohne Titel. 1981
Glas, verspiegelt und geätzt,
Spiegeldecklack, «Caput mortuum»,
teilweise mit Silberbronze bemalt
75,5×111 cm
(beidseitige Aufnahme)

Das zentrale Objekt dieser konzentrierten Werkschau von Hugo Suter bildet sicher der Paravent oder der Gläserne Bilderzaun, wie er auch und vielleicht sogar genauer heisst; ein klassisches work in progress, an dem der Künstler seit 1978 arbeitet und das inzwischen auf 49 Elemente angewachsen ist.

Die Ausstellung präsentiert die 36 zuletzt entstandenen Teilbilder oder Bildteile (je 178×100 cm), und zwar in Form von zwei «Bilderzäunen», die sich als je achtzehnteilige, spiegelbildlich parallele Zickzacklinien im Raum etablieren. Die einzelnen Elemente des Paravents bestehen aus hölzernen Rahmenkonstruktionen, die mit Scharnieren beliebig untereinander verbunden werden können und so gewissermassen an eine Reihung von Fenstern erinnern. Fenster mit unterschiedlichen Sprossenstrukturen, die Träger einer Vielzahl von Bildern sind und schliesslich doch nur ein Bild oder eben die Natur des Bildes umkreisen.

Die Metapher des Fensters behauptet sich gleichwertig neben dem sehr konkreten Aspekt des «Paravents» oder des «Zauns», indem sie eine weitere Grenzsituation anpeilt, die zwar Transparenz verspricht, um den Blick schliesslich doch im definierten Bereich ihrer gläsernen Bildebene einzufangen, nicht ohne ihn gleichzeitig als Spiegelung auf den Betrachter zurückzuwerfen oder ihn als kalkulierten Durchblick auf der anderen Seite in die Irre gehen zu lassen. Die Komplexität der Anlage entspricht ganz der Komplexität des denkerischen Ansatzes, denn so sehr der ästhetische Reiz des Paravents – die handwerkliche Fertigkeit, die in der Holzbearbeitung sichtbar wird und die Brillanz, mit der der dominante Bildträger Glas in Form von Ätzungen, Verspiegelungen und auch Bemalungen bearbeitet ist – an die reine Schaulust appelliert, so erkennt doch zumindest der zweite Blick das Ganze als ein Denkbild voller Zweifel an der Wahrheit des Bildes.

Das beherrschende Thema von Suters Schaffen umkreist gewissermassen die Ungewissheit des konkreten Augen-Blicks, das Vage im Moment der visuellen Wahrnehmung, und zielt auf den unfassbaren Punkt, an dem die Anschauung und die Wirklichkeit zur Deckung kommen.

Es geht um eine zugleich höchst immaterielle und sehr konkrete Sache, in der die Gegenwart des Augenblicks zum Gegenstand einer Art von Archäologie wird, die unter den vielschichtigen Ablagerungen des Schauens die Unmittelbarkeit des Sehens freizulegen sucht. Suter untersucht das Phänomen der Flüchtigkeit der Erscheinungen mit Vorliebe am Gegenstand des Sees, aus naheliegenden Gründen einerseits, weil er an einem See wohnt und arbeitet, andererseits aber auch, weil das wechselnde Spiel des Lichts und der Wellen auf einer Wasserfläche geradezu ideale Bedingungen für diese Art der Wahrnehmungsforschung bietet. Der Gegenstand entzieht sich einer endgültigen Wahrnehmung und verflüchtigt sich in eine ständige Folge von Bildern, von visuellen Annäherungen, die gewissermassen erst als mentales Bild eine tragfähige Anschauung der Wirklichkeit ergeben. Solche Erfahrungen werden nun am Gläsernen Bilderzaun ganz unmittelbar und intuitiv zum Erlebnis, denn durch seine Anlage wird der Betrachter ganz unwillkürlich auch zum Spaziergänger, dem die Gewissheit des eben gesehenen Bildes angesichts einer Metamorphose desselben einige Stationen weiter zur ungewissen Erinnerung wird, die ihn zur Überprüfung zurückruft, um am Ausgangspunkt dieselbe Erfahrung zu machen. Je länger man sich an diesen «Bilderzäunen» entlang bewegt, umso komplexer werden die Überlagerungen verwandter Bilder; aber nicht nur das, auf einer weiteren Stufe des Eindringens sieht man sich zusehends genötigt, auch die Rückseiten der Bilder in Betracht zu ziehen, die bei der Anlage des Werkes natürlich auch Bilder sind und die nicht nur die logische Rückseite des vorderen Gegenstands darstellen, sondern sehr oft auch eine Art von Nachbild – das, wenn man die Seite wechselt, aber schon wieder Vorbild ist. Suters Werk führt im wahrsten Sinne des Wortes in spekulative Tiefen, nur um sich der Oberfläche der Dinge, der Sichtbarkeit, anzunähern. Es ist eine Beschäftigung mit Grenzzonen und Übergängen, die Suter durch seine äusserst konkreten, buchstäblich materialisierten Bilder vor dem Abgleiten ins Nichts bewahrt – und so erst fassbar macht.

Max Wechsler, zur Ausstellung von H.S. im Kunsthaus Zürich 1988, englisch in: Artforum, November 1988

Steinchenwurf. 1986
4-teilig
Acrylfarbe, Nitrolack und Farbstoff
«Pintasol» auf Holz
207×207 cm

Steinwurf. 1985
4-teilig
Acrylfarbe, Nitrolack, Farbstoff «Pintasol»
und Perlglanzpigmente auf Holz
173×248 cm

Gartenatomium. 1977
Wasserfarbe auf Karton
62×72 cm
Privatbesitz

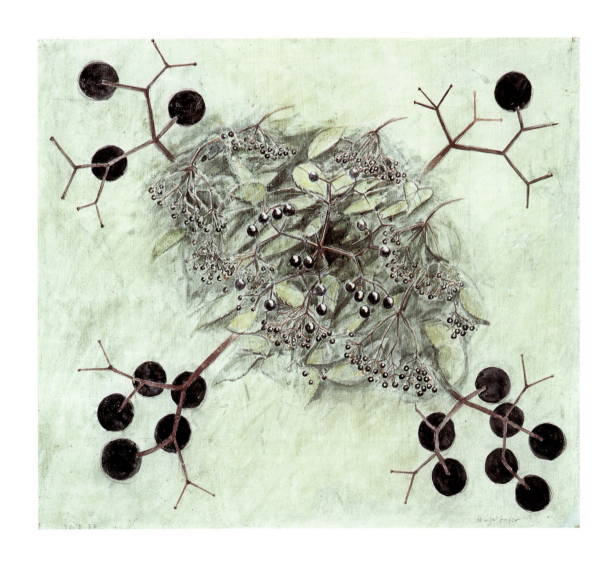

Drift. 1994
Acryl auf Holz
47×32 cm

Modell für «Format». 1996
Acryl, Nitrolack und Farbstoff «Pintasol»
auf Holz
121×115 cm

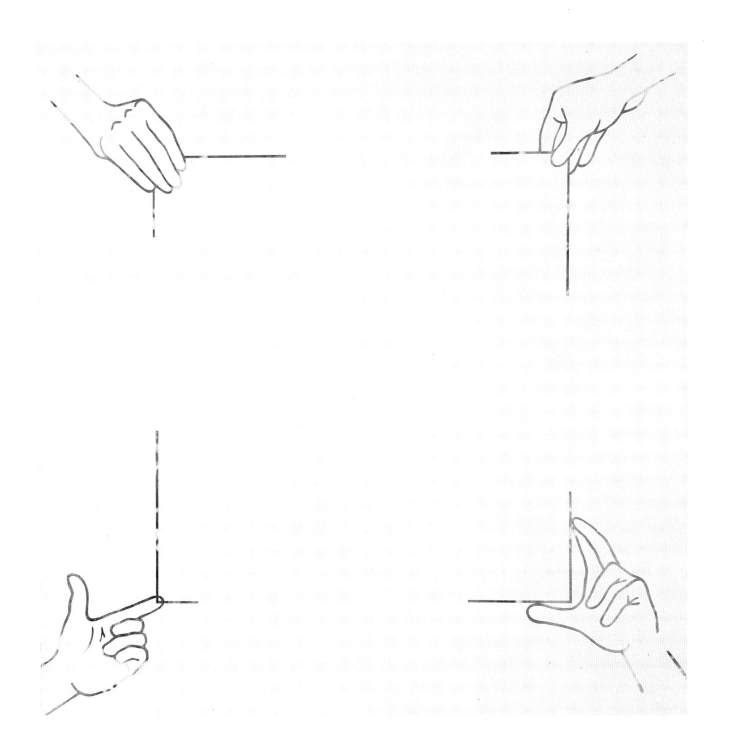

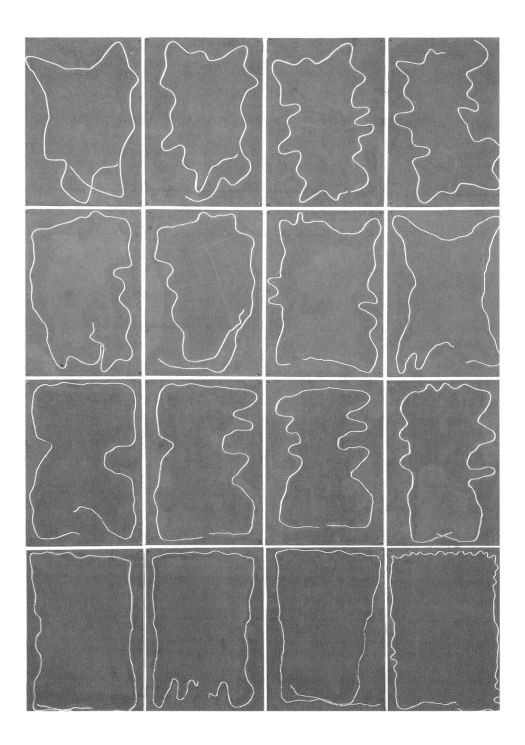

16 Umrisslinien von 1 Meter Länge,
was dem Umfang jeder der 16 Holzplatten
entspricht. 1990
Eisendraht mit Silberfolie ins Holz geprägt
117,3×85 cm

Der Kreis lügt. 1993
3-teilig. Acrylfarbe, Nitrolack und
Farbstoff «Pintasol» auf Holz
121×335 cm

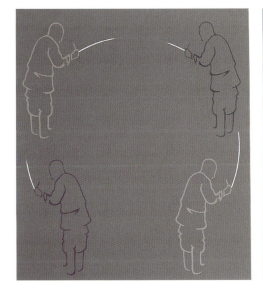  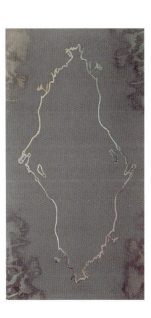

Suche nach dem farblichen Mittelwert aus
Helligkeit, Ton und Sättigung, durch
Festlegung von 81 Farborten (Umsetzung
mit Ölfarbe auf Leinwand, nach
den Abmessungen von Caspar Wolfs
Höhlenbild).
Eine Farbschichtendurchdringung mittels
Infrarotreflektographie ergab, dass Wolf
ohne Vorzeichnung direkt zu malen
begonnen hatte. (Diese Untersuchung hat
mir die Restaurierungswerkstatt des
Kunstmuseums Basel auf Veranlassung
von Beat Wismer ermöglicht.)

**Papiervergrösserung schwarz / weiss
und Gouache
12 × 17,2 cm**

**Zeichnung in mittlerer Helligkeit
des Bildgrundes (Temperafarbe) auf die
Postkarte «Beatushöhle mit Efeubaum»
(1766) von Caspar Wolf**

**Caspar Wolf zeichnet. 1993
Aquatinta mit Farbkorrekturangaben
52,5 × 74 cm**

«Die Zeichnung ging vom Innenraum
der Höhle zur Aussenwand des
raumumschliessenden Gefässes.»
(Jean Gebser)

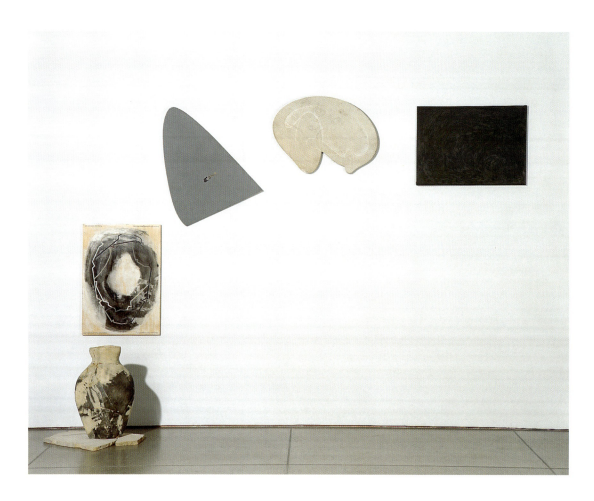

Modell «Innen-Aussen». 1990
Blumentopf aus Ton

Wolf malte da eine Gegend. 1987
5-teilig
Holz, Kautschuk, Dispersion, Nitrolack,
Acryl, Sandstein, Öl auf Leinwand
227×315×34 cm
Aargauer Kunsthaus, Aarau

Skizze zu «Wolf malte
da eine Gegend», 1987
Bleistift, Farbstift und Wasserfarbe
auf Papier
29,7×21 cm

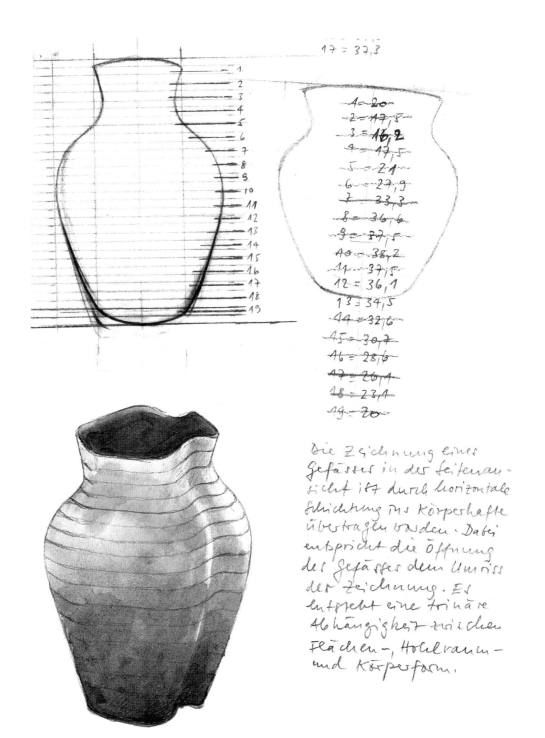

17 = 37,3

1
2
3
4
5
6
7
8
9
10
11
12
13
14
15
16
17
18
19

1 = 20
2 = 17,5
3 = 16,2
4 = 17,5
5 = 21
6 = 27,9
7 = 33,3
8 = 36,6
9 = 37,5
10 = 38,2
11 = 37,5
12 = 36,1
13 = 34,5
14 = 32,6
15 = 30,7
16 = 28,6
17 = 26,1
18 = 23,1
19 = 20

Die Zeichnung eines Gefässes in der Seitenansicht ist durch horizontale Schichtung ins Körperhafte übertragen worden. Dabei entspricht die Öffnung des Gefässes dem Umriss der Zeichnung. Es entsteht eine trinäre Abhängigkeit zwischen Flächen-, Hohlraum- und Körperform.

Geltenschüssli. 1992
fotografisch übertragene Zeichnung
von Caspar Wolf auf 9 Flusskiesel
Bodenfläche 60×80 cm

Geltenschüssli. 1993
Zeichnung zur Installation aus
9 verschiedenen Glasplatten
Dispersionsfarbe und Kreide auf Karton
116×59 cm
Aargauer Kunsthaus, Aarau

Geltenschüssli. 1993
Installation zur Ausstellung
«Hommage à Caspar Wolf»
Aargauer Kunsthaus, Aarau 1991

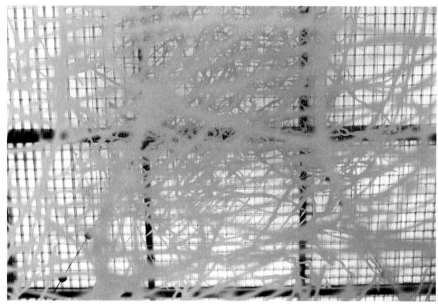

"ZELTENSCHÜSSEL" INSTALLATION ZUR AUSSTELLUNG "HOMMAGE À CASPAR WOLF" 1991

Hommage à Caspar Wolf

1991 schuf Hugo Suter ein Graphikblatt, in dessen Ecken er Eckpartien von vier ihm sehr wichtigen Gemälden aus der Kunstgeschichte plazierte. Die Bildausschnitte übertrug er so als Heliogravure aufs Blatt, dass die Mitte frei geblieben ist und der Betrachter einen Höhleneingang oder eine Vasen- oder Amphorenform assoziiert. Die Ausschnitte stammen aus Caspar Wolfs «Beatushöhle mit dem Efeubaum», aus Konrad Witz' «Wunderbarem Fischfang», aus Géricaults «Floss der Medusa» sowie aus der «Gescheiterten Hoffnung» von Caspar David Friedrich. Mit all diesen Werken hat sich Hugo Suter in seinem eigenen bildnerischen Schaffen explizit auseinander-gesetzt, mit Ausnahme von Konrad Witz: dessen «Fischzug» gilt allerdings als erstes Seestück in der Kunstgeschichte, und so erstaunt auch diese Hommage nicht.

Das Blatt kombiniert zwei Aspekte, die seit den mittleren achtziger Jahren wichtig sind. Es ist dies einerseits die Beschäftigung mit dem Bildformat und mit den Eck-zonen einer bildhaften Darstellung. An den Ecken könne die formale Bewältigung eines Bildes überprüft werden: die Behauptung eines Kunsthistorikers forderte Hugo Suter zu dieser Auseinandersetzung heraus, auf die hier nur gerade hingewiesen sei. Anderseits die kunstimmanente Bildreflexion, die seit der Ziegelrain-Zeit die bild-nerischen Entscheide mitprägt und die hier explizit zum Motiv wird. Dies mag den jungen Künstler beim deutschen Romantiker fasziniert haben: die Aussenwelt als Trägerin von inneren Gefühlen. So hat er sich der «Gescheiterten Hoffnung» minuziös zeichnerisch angenähert, und er hat sie, ironisch paraphrasierend, für eine Foto-Arbeit nachgebaut, und 1979 präsentierte er im Aargauer Kunsthaus die mehrteilige Raum-Bild-Installation «Floss der Medusa».

Am wichtigsten aber wird die Beschäftigung mit Caspar Wolf, vor allem aber mit dessen Bild «Eingang zur westlichen Beatushöhle mit dem Efeubaum», das etwas auch von Wolfs naturwissenschaftlichem Umfeld vermittelt: der aufmerksame Betrachter ahnt, dass es Wolf hier darum gegangen sein könnte, geologische Kenntnisse in eine Geologie des Bildes umzusetzen, seine Malerei quasi geologisch auch zu begrün-den. 1987, noch in Seengen, diente das Bild der Beatushöhle als Einstieg für eine bildnerische Untersuchung, die Hugo Suter im Zeitraum der folgenden sechs Jahre, da er im Atelier in Seon arbeitet, beschäftigen wird und die ihn zu Fragestellungen führt, die weit über den engeren Untersuchungsgegenstand Caspar Wolf hinausreichen. 1987 datiert die fünfteilige Installation «Wolf malte da eine Gegend», die sich in den Medien Objekt, Zeichnung und Malerei, gleichzeitig aber auch als Resultat der theoretisch-wissenschaftlichen Untersuchung dieser Medien präsentiert. Die Arbeit ist die plastische, zeichnerische und malerische Umsetzung einer auf naturwissenschaftlichen wie auch künstlerisch frei gesetzten Prämissen basierenden Analyse von Wolfs Beatushöhle. Die Installation beginnt links unten am Boden mit der umstülpenden Rekonstruktion der Wolfschen Höhle – als negativ eingewölbte Innenform – in die positive Aussenform eines Gefässes: dieses Gefäss ist die Umsetzung eines kulturgeschichtlichen Theorems von Jean Gebser, der die Anfänge bildnerischer Gestaltung, die Entwicklung von der Höhlenmalerei zur Vasenmalerei, mit folgendem Satz umrissen hat: «Die Zeichnung ging von der Innenwand der Höhle zur Aussenwand des raumumschliessenden Gefässes.» Dieser Satz findet sich auf dem ersten Wandelement, auf welchem über einer Malerei die Zeichnung der Vasenform liegt. Die Installation führt in einem Bogen über die Wand nach rechts oben zu einem monochromen Gemälde, in dessen Pinselführung sich der Eingang der Höhle wie eine Ahnung zu erkennen gibt: die umbra-grünliche Farbe der Malerei entspricht dem mit dem Chromameter an neun mal neun Orten auf Wolfs Leinwandbild gemessenen Mittelwert aus Helligkeit, Ton und Sättigung. Dieser Malerei benachbart ist ein Sandstein-Relief mit der Darstellung einer Echo-Situation: zwei Trichterformen, die auf die beiden Eingänge der grossen und der kleinen Höhle Bezug nehmen, weisen auf Transformierung, Umsetzung oder Kreolisierung (im Sinne von Peter Waterhouse) hin. In der Mitte der Installation aber, im mittleren Grau, die Darstellung einer Normfarbtafel, mit der Markierung der Farbmessresultate. Hugo Suter erläuterte 1988 die Motivation seiner Wolf-Untersuchung:«Wolfs Höhle kenne ich seit annähernd dreissig Jahren. Es handelt sich um eine alte Liebe, die ich im bildnerischen Nachvollzug erwidern wollte.»

Aus vielen Gesprächen sind auf der blechernen Gartentischplatte
eingeritzte Spuren zurückgeblieben. Die Platte ist zum Ort der
skripturalen Eintragungen geworden.

Die rostenden Gravuren haben sich mit der Dauer verselbständigt
und lassen auch ahnungsweise keine Rückschlüsse mehr auf
Gesprächsinhalte zu.
Um die Gespräche reaktivieren zu können, sind die Spuren auf
einen durchscheinenden Glaszylinder eingraviert worden.
Horizontal vor einer weissen Wandfläche dreht sich der Glaskör-
per um seine Achse. Von einer Lichtquelle angestrahlt, wandern
die Schattenprojektionen der Gravuren über die Wandfläche.

In der Dichtung gibt es die «Und – Anfänge», wobei das «Und»
kein Anfang ist, auch nicht die summierten Teile meint, sondern
Hinweis ist auf das nie abbrechende, immer gegenwärtige
Gespräch.
«Und die ewigen Bahnen / lächelnd über uns / hin zögen die
Herrscher der Welt.» (Hölderlin: «An einen Baum».)

H.S. 1988

Oberfläche des Gartentisches
Papiervergrösserung schwarz/weiss
14,5 × 22,5 cm

Gartentischgespräche. 1987/88
Plexiglaszylinder graviert, Elektromotor
Breite: 128 cm, Durchmesser: 30 cm

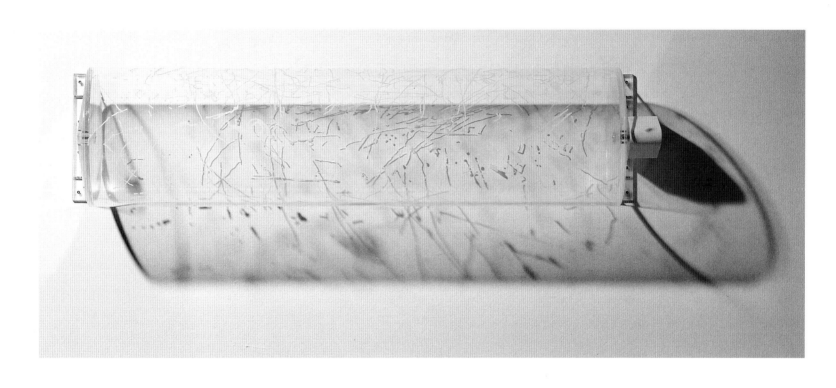

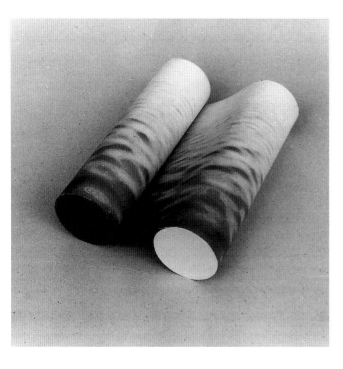

«Von der gesamten Natur lässt sich sagen:
Es geschehen Bewegungen, es werden
Formen hervorgebracht. Du kannst Verbindungen feststellen; wenn Du aber einen
Zweck sehen willst, musst Du ihn erst
hineinlegen - und dann, um ihn im Auge
behalten zu können, unaufhörlich
Tatsachen zudecken, den grössten Teil
aller Tatsachen.»
(Ludwig Hohl, «Nachnotizen», Frankfurt
a.M. 1986)

Ohne Titel. 1988
Holz, Karton, Epoxidharz, Steinpulver
Höhe: 80,5 cm, Durchmesser: 30 cm

Okular-Objektiv. 1982
Siebdruck auf Papier,
Acrylfarbe auf Karton
26,5×16,5×6,5 cm

Glas. 1992
Papiervergrösserungen schwarz/weiss
je 17,7×13 cm

Je nach Wasserstand erscheinen Bilder,
die der Schale selbst nicht ablesbar sind

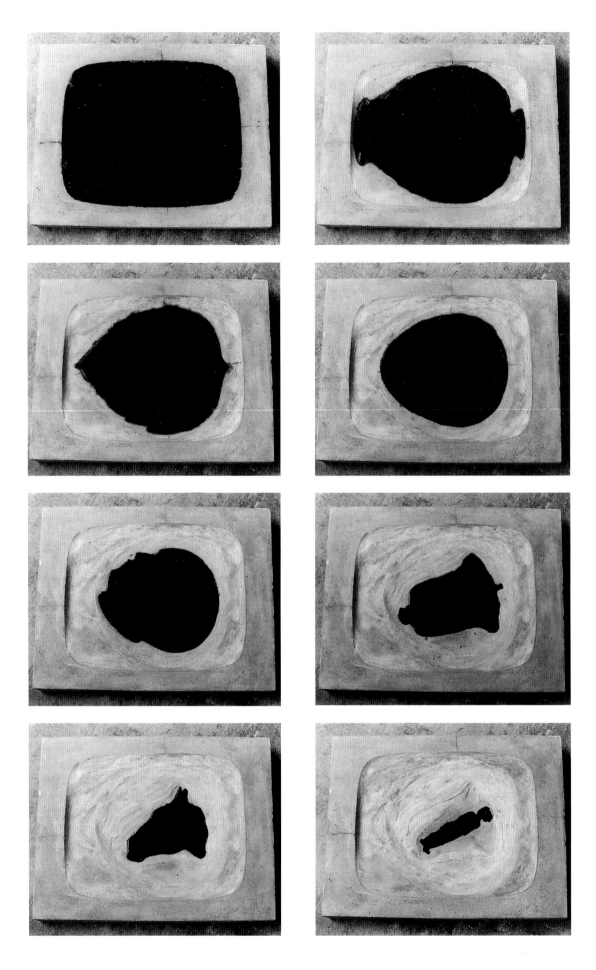

Der konkave Bildschirm. 1992
Betonguss
46×59×6,5 cm

Der Körper des trocknenden Steines. 1987.
Betonguss
Durchmesser: 38 cm, Tiefe: 30 cm
Sockel: Betonplatten mit Reliefs
von «Steinwurf ins Wasser»
80×63×63 cm

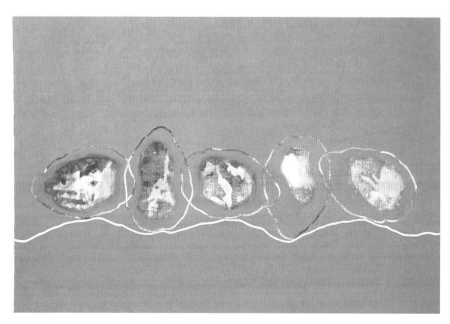

Walden. 1994
Holz, Glas
50×40×35 cm
Privatbesitz

Morgarten waagrecht. 1992/93
Acryl, Nitrolack und Farbstoff
«Pintasol» auf Holz
70,5×98,5 cm

Stein. 1995
(Der Körper und seine Auflösung)
Beton, Holz, Acrylfarbe
ca. 26×130×380 cm

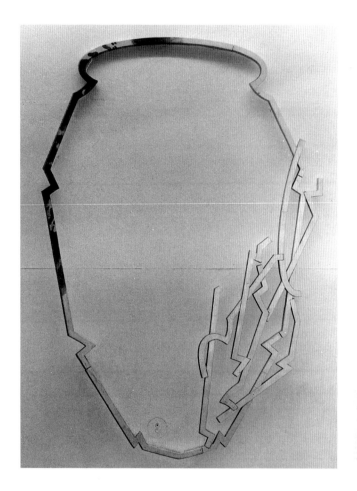

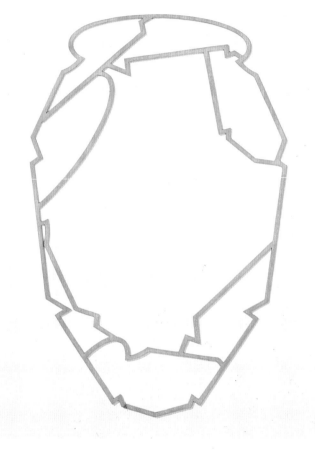

Lampenglas. 1987
Acrylfarbe und Perlglanzpigment
auf Holz
173×118×2 cm

Lampenglas. 1983
Holz
102×67×1 cm

Die ganze Scherbe. 1993
Holz und Glas
50×38×72 cm
Privatbesitz Lenzburg

Haselstrunk. 1992
Gouache auf Papiervergrösserung
schwarz/weiss
18×13 cm

Strunk. 1992
5-teilig, Acrylfarbe, Nitrolack
und Farbstoff «Pintasol» auf Holz
70×282 cm
Privatbesitz

 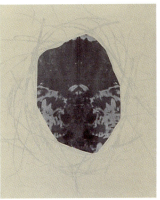   

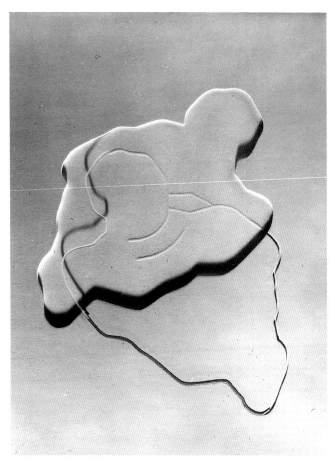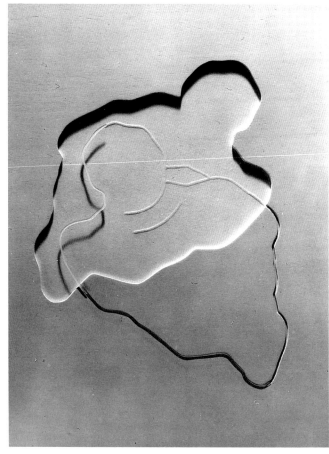

Lache. 1991
Blindprägung auf Kupferdruckpapier,
360 g
Gravur auf Sperrholz, geätztes Glas
51,8 × 41,7 cm
(2 Lichtsituationen)

Schlafender Maurer. 1968
Wandgestaltung mit Theo Kneubühler
Mediothek, Kantonsschule Wohlen

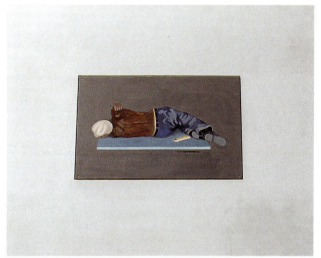

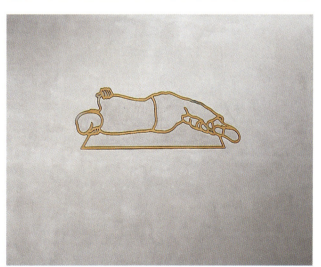

Ein junger Schweizer Künstler – Hugo Suter – zieht sich, nachdem er wichtige Entwicklungsjahre in städtischen Agglomerationen zugebracht hat, aufs Land zurück. Er mietet ein Haus am Ufer eines kleinen Sees. Die Landschaft, in der er sich befindet, ist die «schöne Landschaft» par excellence. Waldige Ufer, Schilfbestände, liebliche Hügelzüge, Bauerndörfer, leicht durchsetzt mit Kleinbetrieben, freundliche, friedliche Bewohner. Sie ist gleichzeitig aber auch Ausflugsziel der Sonntagsfahrer aus den nahe Städten, Clichéelandschaft, Visitenstube des touristischen Betriebes, beliebtes Sujet zweifelhafter Maler und Malereien, Vorwurf aber auch zu einigen respektablen Bildern älterer Maler.

Ohne jede bewusste Absicht Suters spielt sich nun während ungefähr drei oder vier Jahren durch das Medium des jungen Künstlers ein beinahe programmatischer Ablauf eines kreativen Prozesses ab.

Suter beginnt nicht damit, die schöne Landschaft zu malen, verschiedene Sujets einzufangen. Er wandert gewissermassen mit den Augen des Geographen durch die Welt, schreitet topographische Gegebenheiten aus, studiert Karten und entdeckt Zusammenhänge zwischen Hügelformen und Seeformen, zwischen dem Verlauf von Tiefenkurven des Seebeckens und dem Verlauf von Höhenkurven eines Uferberges. Aus diesen Untersuchungen ergeben sich die Konstruktionen erster Objekte: Suter formt aus Ton einen axialsymmetrischen Körper, gurkenähnlich, dessen Oberflächenbewegung aber genau dem Verlauf der Höhenkurven und Uferlinien entsprechen. Nun schneidet er ein Längsviertelstück heraus und erhält so zwangsläufig die Ansicht von halber Seefläche und begrenzendem Hügelhorizont. Ein paar eingesetzte Schiffe deuten den Segelbetrieb auf dem See an.

Damit hat sich der Künstler gewissermassen geistig in den Besitz der Lebensumgebung gesetzt, hat ihre Struktur, ihren Aufbau, ihre Dimensionen und inneren Zusammenhänge studiert und in einem gänzlich neu erfundenen Objekt dargestellt: im kreativen Produkt.
Nun wendet sich Suter dem Wasser selbst zu: die ständig bewegte Oberfläche fasziniert ihn und mit ihr das ständig spielende, glitzernde, schattenwerfende Licht. Er möchte vorerst die Bewegung aufzeichnen. Dazu erfindet er einen Apparat: Plexiglashalbkugeln werden innen mit Papier ausgekleidet. Quer über den Hohlkörper wird eine Stange gelegt, in deren Mitte ein Pendel hängt, dessen Länge dem Radius der Kugel entspricht. Statt eines gewöhnlichen Gewichtes hängt ein Schreiber mit Tintenreservoir am Pendel.

Die Halbkugeln werden nun auf die Seefläche gelegt und geraten durch das Wasser ins Schaukeln. Während so die Halbkugeln und damit die Papierauskleidung in drehender, tanzender Bewegung sind, bleibt das Pendel ruhig hängen und die Papierflächen zeichnen auf sich die Wasserbewegungen auf. Später werden die Papierhalbkugeln den Plexigläsern entnommen und erscheinen nun als reine Pinselzeichnungen, scheinbar chinesischen Zeichen verwandt, in Wirklichkeit völlig objektive Selbstaufzeichnungen der Natur.

In einer nächsten Arbeit versucht Suter auf andere Weise die Seeoberfläche zu reflektieren: er setzt sich hin und malt genaue Studien in Aquarell. Es sind fein gearbeitete, höchst genaue Blätter, die alle Farbnuancen, alle Kräuselungen und Kimmungen des Sees widergeben.

An sich lässt er sie als selbständige Arbeiten gelten, nimmt sie aber auch als Unterlagen zu einer neuen Art der Auseinandersetzung: Suter überträgt die Malereien auf Fenstergläser, auf Fensterflügel, die er aus Altbauten kauft. Er bemalt die Gläser mit Asphaltlack und arbeitet dann die wellen- und Oberflächenmuster heraus, ätzt mit Flusssäure die nackten Stellen des Glases und erhält so die genaue Nachbildung, gewissermassen die «Nachdichtung» des Augenblickes, da ein Mensch von seiner Wohnung aus auf das bewegte Wasser blickt, nur: statt des ständig sich verändernden Sees kann er nun den zur Dauer gewordenen Augenblick beliebig lang studieren, betrachten. Eine beinahe «klassisch» zu nennende Bewältigung einer Kunstidee.

Durch diese Art der Darstellung wird Suter aufmerksam auf das Verhältnis seiner Innenräume, seiner Wohnung zum See, der ständig wechselndes Licht durch die Fenster wirft. In einer Reihe von Farbstiftzeichnungen, Aquarellen, Gouachen schildert er in fast altmeisterlicher Manier die Tagesabläufe, indem er die Stimmung, das Licht, die Schatten seiner Wohn- und Atelierräume darstellt.

Der Prozess läuft heute noch weiter. Die Verflechtung und Verknüpfung mit der Lebensumgebung wird immer enger und mit steigender Identifikation des Künstlers mit dem gewählten Punkt steigt auch die Zahl kreativer Produkte, die Sedimente dieses Prozesses sind. Sie umstellen als Ganzes genommen immer enger die Situation, bestimmen immer genauer das Verhältnis der inneren Wirklichkeit Suters mit der äusseren Wirklichkeit des Seetales und bilden eine neugeschaffene stilistische Einheit, einen neuen Kosmos sozusagen.

Heiny Widmer und
Hugo Suter, 1970

Wenn B. Ghiselin (…) die kreative Leistung in der «erstmaligen
Formgebung eines Bedeutungsuniversums» sieht, so liegt hier
sicher eine solche Leistung vor.

Es stellt sich aber die Frage, ob ein Kunstwerk vorliege. Wenn wir
im ersten Teil unserer Betrachtung sozusagen wertfrei, ohne Einsatz
eines kunstkritischen Apparates, Einblicke in den Ablauf eines
kreativen Prozesses und in die Entstehung eines kreativen Produktes gegeben haben, so setzen wir nun mit dem Wort «Formgebung»
und mit dem Wort «erstmalig» ganz eindeutig Wertungen und
beginnen damit auch die bereits angekündigte Prüfung der ghise-
linschen Definition in Bezug auf ihre Anwendung auf die Kunst.

«Formgebung» ist ja, im üblichen Sinne genommen, Abhebung
einer zeichnerischen, malerischen, plastischen Äusserung aus dem
Bereich des individuell-psychogrammatischen in den überindividu-
ellen Bereich, in bewältigter, gestaltet-objektivierter Form, mag
auch der Quellpunkt, die Geburt des Bildwerkes zutiefst im
Individuellen liegen, muss er sogar dort liegen. Aber erst durch
die Formgebung wird das kreative Produkt zum Kunstwerk.

«Erstmalig» will die innovatorische Komponente andeuten. Damit
erfasst Ghiselin, der im Grunde in der pädagogisch-psychologi-
schen Forschung tätig ist, tatsächlich genau jenen Punkt, da
das Produkt ins Künstlerische umschlägt und nicht mehr bloss
Ausdruck individualpsychischer Befreiung bleibt.

So betrachtet, können wir uns fragen, was Künstler wie Suter
u.a. grundlegend Neues in die Kunst gebracht haben. Ihre Werke,
als einzelne genommen und aus dem Kontext ihrer Arbeit gelöst,
widerspiegeln im Grunde nichts anderes als Emile Zolas berühmte
Definition: «une œuvre d'art est un coin de la création vu à travers
un tempérament».

Suters Auseinandersetzung mit dem See, die von topographisch-
geographischen Ansätzen über die poetische Verklärung des
Lichtes und des Wassers, über die Schilderung von Innen- und
Aussenraumveränderungen bis zur ironisch-tragischen Kritik touri-
stischer Besitzergreifung des Sees reichen, die Reihe als Ganzes
genommen fügt aber, weil sie aus sovielen Bereichen Materialien
rafft, der Kunst und damit der Kritik eine neue Dimension an.

Vergleichen wir Suters Arbeit mit der Arbeit des realistischen
Landschaftsmalers des 19. Jahrhunderts. Während dieser innerhalb

seiner gewählten Mittel – sagen wir der Ölmalerei – in einem langen
Entwicklungsprozess die immer adäquatere, technisch immer
perfekter werdende Darstellung anstrebt, wechselt Suter je nach
Massgabe des Vorwurfs, nach Massgabe seines inneren Zustandes,
das Mittel. Ein oberflächlicher Betrachter könnte darin die
negativen Zeichen sehen, die er vom wendigen, sich allen Moden
hingebenden, zweifelhaften Künstler kennt. Suters wechselnde
Mittel: «geographisches Objekt», «Glasätzung», «Aquarell», «Farbstift», «Halbkugelseismographie» usw. sind aber nicht vom äusser-
lichen Wandel etwa der Kunstmode bestimmt, sie sind Ausdruck
eines starken künstlerischen Willens nach Adaquatheit, eines
Willens, der sich nicht scheut, die bisher kunstfernsten Materialien
zur Darstellung zu benutzen, wenn die innere Notwendigkeit
es erfordert. In diesem Sinne hat ein Öffnungsprozess stattgefunden,
an dessen Anfängen selbstverständlich Duchamp steht, an dessen
vorläufig erreichtem Punkt aber eine Generation wirkt, die an Stelle
intellektuell-ironischer Ablösung eine neue innige Verbindung mit
der Natur sucht und besonders in ihr jene Stellen der Darstellung
und Interpretation würdig findet, in denen Natur und zivilisato-
rische Veränderung, Eingriffe des Menschen mit scheinbarer
Unberührtheit zusammenprallen.

Innerhalb der Serie «Hallwylersee» haben die Einzelwerke fragmen-
tarischen Charakter, wobei Fragment hier im geistigen Sinne
genommen werden muss. So ausgearbeitet das Einzelne ist – Suter
legt grossen Wert auf Perfektion –, so fragmentarisch ist seine
Mitteilung im Bezug auf das Ganze. Die Kritik wird daraus lernen
müssen: sie wird Begriffe wie «Adaequanz, innere Entsprechung
von Mittel und Dargestelltem» – Fragment und Ganzes – Form und
Inhalt – Intensität und innere Folgerichtigkeit des kreativen
Prozesses – innovatorische Leistung – zu überdenken und auf die
neuen Leistungen der Künstler zu projizieren haben.

Heiny Widmer

(Gekürzter Text aus einem Vortrag, der an einem Symposium mit
dem Titel «Der kreative Prozess» im Rahmen von Trigon 77
im «Steirischen Herbst» 1977 in Graz gehalten wurde. Vollständig
abgedruckt in Katalog 2 der gleichnamigen Ausstellung).

Die ganze Scherbe

Oft basiert die Arbeit von Hugo Suter auf wissenschaftlichen Erkenntnissen – ein Kunstwerk, so es denn stimmen soll, kann sich aber nicht in der Visualisierung richtiger wissenschaftlicher Daten erschöpfen. Wertfreie wissenschaftliche Resultate als Ausgangspunkt, frei gesetzte ästhetische Entscheide bei der Umsetzung ins bildhafte Werk: So wie ein Kunstfreund naturwissenschaftliche Resultate für die künstlerische Arbeit in Frage stellen mag, so mag einem Wissenschaftler der freie Umgang mit den rational gewonnenen Daten zumindest suspekt vorkommen.

Die Auseinandersetzung mit der Form der wissenschaftlichen Darstellung eröffnet ein neues Untersuchungsgebiet auch im Bereich der Dreidimensionalität. Im gleichen Jahr, da er erstmals Daten von Farbmessungen in Malerei überträgt, lässt Hugo Suter das Objekt «Der Körper des trocknenden Steines», als Modell in Holz konstruiert, in Beton giessen: der Verlauf einer Kurve mit den Faktoren Zeit, Trockenheitsgrad und Helligkeit wird dreidimensional umgesetzt. Der Prozess – der Stein trocknet schnell an, aber langsam nur aus – definiert die Form des Modells, die von spitzer Intensität zu flach ausgebreiteter Extensität führt: Das Modell wird wieder in Stein, nun allerdings in Kunst-Stein, überführt und auf einen Sockel gestellt. Die Polarität von kompaktester Dichte und diffusester Ausdehnung bestimmt auch die Arbeit mit dem lapidaren Titel «Stein» von 1995: ein Stein wird quasi umflossen von seiner eigenen, in Scheiben geschnittenen Form, an der kompakten Form des Steines stauen sich seine diffus in die Fläche ausgebreitete, flachen Umrisse und Teilformen.

Eine Absurdität sondergleichen, sagt Hugo Suter, den gesunden Menschenverstand zitierend: die genaue Beobachtung und Vermessung einer Wasserlache nach einem sonntäglichen Landregen zum Beispiel, und die Veränderungen, die ihre Form während des Prozesses des Trocknens durchmacht. Die Beobachtung führt 1992 mit «Der konkave Bildschirm» zu einer sich einfach gebenden, aber hintersinnig-komplexen Arbeit. Ein Bildschirm enthält latent eine unbestimmbar grosse Zahl von Bildern: von diesem Gedanken ausgehend, hat Hugo Suter in einer Betonform acht Umrisszeichnungen übereinander-, besser untereinander gelegt: zuoberst die grösste, einen Bildschirm darstellend. Die einzelnen Bilder werden erst lesbar, wenn von unten nach oben Wasser auf das Niveau des jeweils eine Stufe höher liegenden und also grösseren Konturs gegossen wird. Dies wäre allerdings eine unzulängliche verkürzte Betrachtung der Arbeit, ihren Sinn und Hintersinn eröffnet sie erst in der langen Dauer: Zuerst zeigt das gefüllte Becken den Bildschirm, in diesem sind, noch unsichtbar, die anderen Reliefbilder aufgehoben. In der Verdunstung des Wassers werden erst die anderen Bilder freigelegt, der Wasserstand und die durch die Nässe dunklere Zone machen die Bilder sichtbar. Im Prozess des langsamen Abtrocknens aber, und damit zwischen den klar umrissenen Konturen, eröffnet sich eine unendliche Zahl anderer möglicher Bilder. Das Paradox: erst das transparente Medium des Wassers präsentiert uns die Bilder.

Dass im Einen das Andre noch und im Andren das Eine schon enthalten ist, im Sandkorn also die Erde und im Wassertropfen das Meer, davon spricht schon 1985 der Bildtitel: «Steinchen ins Wasser werfen und das Meer treffen». Mit dieser Haltung versucht Hugo Suter, ähnlich dem Archäologen, im Fragment ein Ganzes zu erkennen oder zumindest zu ahnen, oder, via Fragment ein mögliches Ganzes zu (re-) konstruieren. Auch, aus der Spur aufs Ganze zu schliessen: Die Zeichnungen, die über den Sommer während Gesprächen in die Platte des Gartentisches gekratzt wurden, hat Hugo Suter auf einen Plexiglaszylinder übertragen, der Zylinder dreht sich, angestrahlt von einer Lampe, vor einer Wand, auf welcher die Gespräche als endlos sich wiederholende Schattenprojektion auftauchen und vergehen. Vom uralten Traum, vom Teil aufs Ganze schliessen zu können, spricht, auch in ihrem Hinweis auf die Archäologie, ebenfalls die Paradoxie des Titels und des Versuchs zu «Die ganze Scherbe»: Der Versuch der allumfassenden integralen Darstellung einer Scherbe, der Versuch der Rekonstruktion der ganzen Scherbe im nachvollzogenen Objekt.

Vom Ganzen zum Fragment, vom Fragment zum Ganzen: Nachdem es zu Bruch gegangen ist, meint Hugo Suter, könnte das Werkstattfenster zum Werk statt Fenster werden.

Das Floss der Medusa. 1979
Installation im Aargauer Kunsthaus,
Aarau

Kapitänstag. 1983
Dispersion auf Sperrholz
140×160 cm
Sammlung Museum Baviera, Zürich

Martin Schaffners Floss. 1979/81
Tusche und Kreide auf Karton
97×81 cm

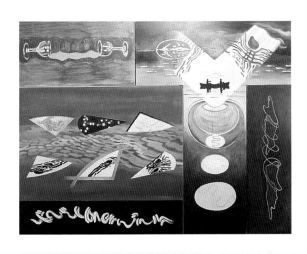

Martha Schaffners Floss   Hugo Suter 1979

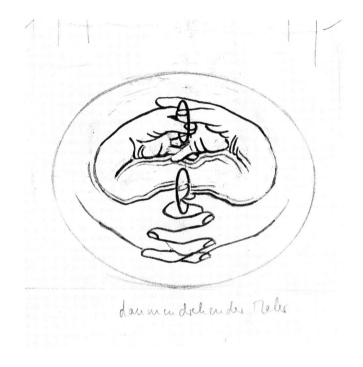

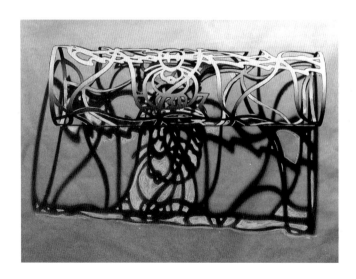

daumendrehender Maler

Die Löcher im Holzrelief
«Daumendrehender Maler»
(Gegenlichtaufnahme)

Zeichnung aus einem Tagebuch

Papierzylinder, als Modell für die
Glasbilderfolge an der Alten
Kantonsschule Aarau entwickelt
(nicht mehr bestehend)

Daumendrehender Maler. 1985
Holzrelief, bemalt
Glas und elektronischer Tonteil
Durchmesser: 200 cm

TAUCHER
ENTDECKEN
KEIMENDEN
GRUND

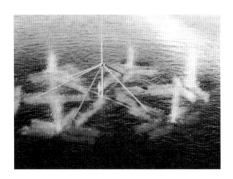

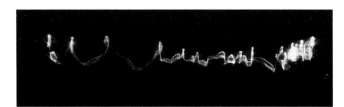

Nachts die Lichtspur der Wellen aufzeichnen und am Tag die Bewegungen der Hand beobachten, die sich zwischen den Stacheln hindurch den schmerzfreien Weg zur grossen Brombeere weit hinten sucht.

Tagebuchseite mit Zeitungsbild

Fenster zum See – Die unsäglichen sonntagnachmittäglichen Unterwasser-filme. Seengen, 1980
Papiervergrösserung schwarz/weiss
14,1×10,4 cm

Tagebuchseite. 1978
mit Schwimmkörper (Taschenlampe, Styropor) und aufgezeichneter Lichtspur

Auf Steinen gehend, die Temperatur des Wassers prüfend. 1994
Dispersionsfarbe auf Holz
43×30 cm
Günter und Margaretha Wälty, Aarau

Gleiches (Bergung)
Zwei ähnlich beschaffene Gegenstände sind
oben und unten gegeneinander gestellt.
Wenn aus zwei ähnlich beschaffenen Gegenständen ahnbar wird, dass sie denselben
Gegenstand meinen, wird damit gleichzeitig auf ihre Verschiebung und ihre Orte
auf der Ablage verwiesen.
(Tagebuch 1985)

Gleiches. 1985
Konsolen mit zwei Holzzylindern
und Sperrholzplatte mit Kopierschicht
83×83×21,5 cm
Sammlung Bosshard, Rapperswil

Trans-Port. 1984
2-teilig
Holz, Kunstharzfarbe
104×19×24 cm
(Fotomontage mit Skizze)

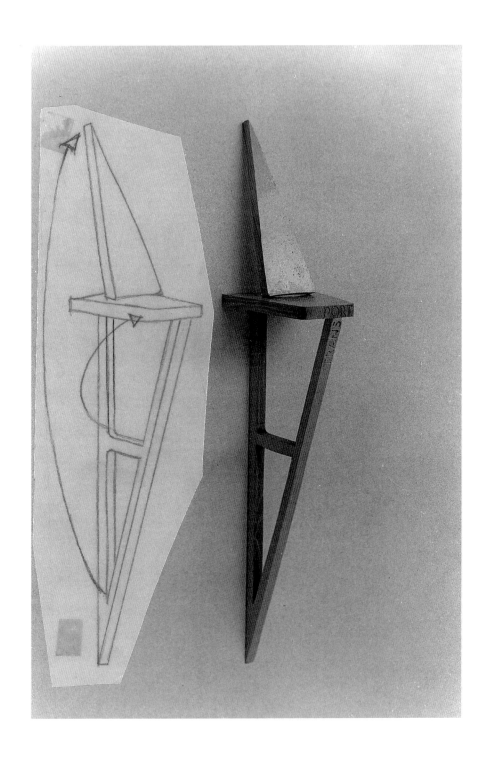

133

1984 sind von einem Schiffsteg senkrecht auf die Wasserfläche etwa 100 Fotografien entstanden. Nicht als geplantes Vorhaben, sondern als zunehmend erwachende Neugier gegenüber dem Lichtbildmoment. Die Reisenden sind in Erwartung anderer Bilder längst aufs Schiff umgestiegen. Der Kunstschaffende bleibt mit seiner gelassenen Wachheit zurück, weil er Wirklichkeit als die Erfindung des Alltäglichen versteht und später auch täglich wieder zum Steg zurückkehrt.

Geologen lassen auf Grund der Geländebeschaffenheit Bodenproben vornehmen, die anschliessend im Labor untersucht werden. Obwohl sich auch der Kunstschaffende den Erscheinungen immer mit Fragen nähert, geht es ihm nicht darum, Unbekanntes ins Bekannte zu rücken, Unbekanntheit sozusagen zu verbrauchen. Bei ihm ist es die Neugier, das Begehren, der Umgang mit dem Unbekannten, das aus dem Bekannten hervordringt und ihm das Bekannte als Unbekanntes zeigt.

Zurückkehrend zu den Fotografien hat sich die Scharfeinstellung der Kamera allmählich auf die mittlere Seetiefe gerichtet, was Oberfläche und Grund in gleichwertiger, leichter Unschärfe abbildet. Mit der Zeit hat sich auch das Bedürfnis aufgedrängt, einen mittleren Wellengang abzuwarten.
Eine stille und reflexfreie Oberfläche zeigt lediglich den Grund als das Entfernteste und das Spiegelbild des Betrachters als das Naheliegendste.

Bei wilden Wellenbewegungen mit hektischen Lichtwechseln bleibt der Blick auf der Oberfläche.
Wie lässt sich verstehen, dass die Mitte zwischen Grund und Oberfläche scharf abgebildet ist? Findet damit ein Austausch zwischen Grund und Oberfläche statt?

Zuerst hat die Anhäufung von Fotopapier nach wertfreier Beliebigkeit ausgesehen und eine Auswahl als unmögliches Unterfangen erscheinen lassen. Nach einiger Zeit steuert die Beschäftigung mit dem Material zunehmend dorthin, wo etwas Bestimmtes gefunden werden kann. Es sind nicht allein die Kenntnisse im Umgang mit bildgestalterischen Mitteln, die einen Weg zeichnen. Wahrnehmungen sind immer schon von unseren Prägungen her vorstrukturiert. Man muss von einem Wahrnehmungsverhalten als Hinsichten ausgehen, die die unendlichen Komplexitäten des Wahrnehmbaren reduzieren.
Jean Gebser hat in seinen Schriften zur Aperspektive darauf verwiesen, dass diese Reduktion auf einen Bereich eine Aura und ein Durchscheinen haben müsse, damit auch das Daneben- und Darunterliegende Gegenwart haben könne.

Von 100 Aufnahmen ist ein Lichtbildmoment übrig geblieben. Mit diesem fixierten Lichtbildmoment beschäftige ich mich seit nunmehr vier Jahren. (Von der Fotografie ist ein quadratmetergrosser Rasterfilm entstanden, der auf lichtempfindlich präparierte Oberflächen übertragen wird.)

Wie verhalten sich bildgestalterische Eingriffe als Bewegungen zu den Bewegungen im Lichtbild? Wie wirken Licht- und Schattengrenze, Farbwischgrenze und Bildträgergrenze wechselwirksam aufeinander ein?
Der Lichtbildmoment wird zur Unterlage, zum Substrat als eigenschaftslose Substanz, die immer wieder neue Interferenzen, Spannungen und Erwartungen herausfordert.

Nach Hugo von Hofmannsthal muss man den Grund an der Oberfläche verstecken.

H.S. Oktober 1988

STEINCHEN INS WASSER WERFEN UND DAS MEER TREFFEN

Ohne Titel. 1987
Dispersionsfarbe, Nitrolack, Farbstoff
«Pintasol» und Perlglanzpigment
auf Holz
178×178×5 cm
Kunsthaus Zürich

Steg zum Rembrandtgrund. 1985
Dispersionsfarbe, Nitrolack und Farbstoff
«Pintasol» auf Holz
195×164×30 cm
Aargauer Kunsthaus, Aarau

Die Formen des Nichtgemeinten als ausgesägte Abfallbretter mit Kopierbeschichtung. Wenn durch die Organisation der nichtgemeinten Teile zur Reliefschichtung diese Holzteile ihr Nichtgemeintsein behalten und unablässig in konkaver Bewegung von der Mitte wegdrängen. Der Umgang mit dem Nichtgemeinten gibt die Möglichkeit, seinem Widerstreben mit selbstvergessener Wachheit zu folgen.
Gesägte, gewischte, geschliffene und «bildmotivliche» Formbegrenzungen haben den Arbeitsablauf bestimmt.

H.S. 1988

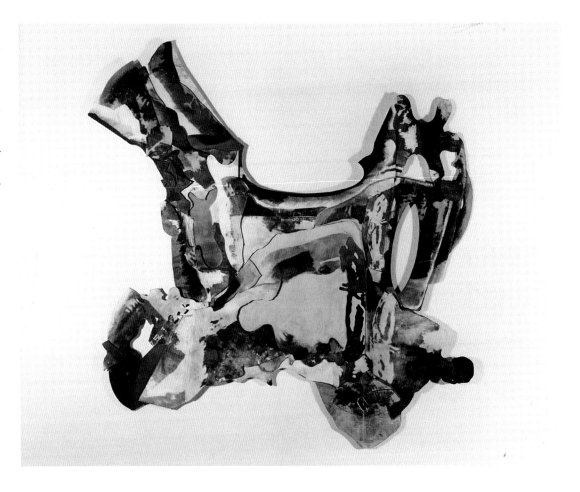

Das Nichtgemeinte. 1987
Holzrelief mit Dispersionsfarbe,
Interferenzfarbe, Nitrolack und Farbstoff
«Pintasol»
153×156×8 cm
Privatbesitz

Ohne Titel. 1987
2-teilig
Dispersionsfarbe, Nitrolack, Farbstoff
«Pintasol» und Perlglanzpigmente auf Holz
190×312 cm

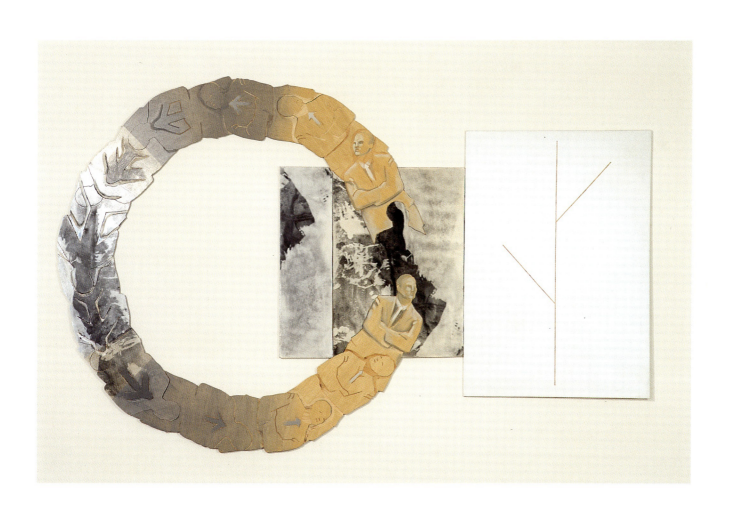

Modell «Augenbrettchen»
(Gelbrotblauahnung)
Dispersion, Nitrolack und Farbstoff
«Pintasol» auf Holz
121 × 108 cm

Retroorter. 1989
6-teilig
Dispersionsfarbe, Nitrolack, Farbstoff
«Pintasol» und Perlglanzpigmente
auf Holz
163 × 198 cm

Ohne Titel. 1988
Perlglanzpigmente und Textilsiebdruck-
farbe auf Baumwolle (auf Holz)
133 × 700 × 5 cm

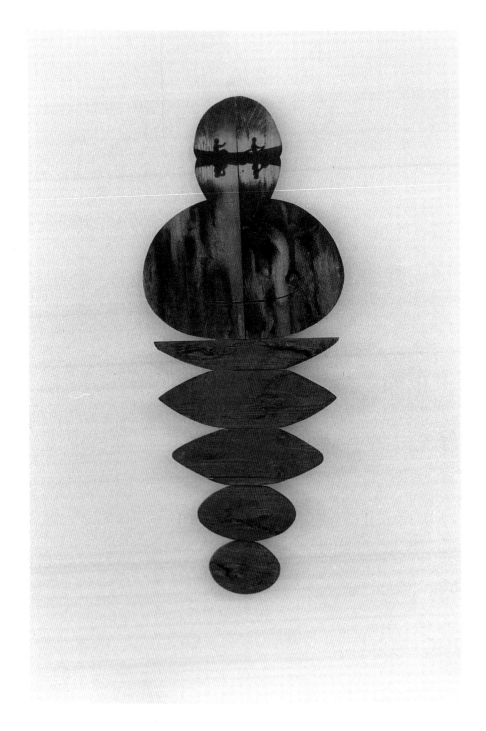

Schauenden betrachten. 1983 / 84
Holz, partiell bemalt
114 × 48 × 7,5 cm

Lichtschwamm. 1987
Holz
98 × 48 × 48 cm

Behälter. 1985
2-teilig, Holz
ca. 100 × 120 × 45 cm
(zerstört)

Lichtschwamm

Aus kleinen Teilen von innen heraus aufgebaut, bis die Ausdehnung zum Stillstand kommt. Dies im Unterschied zum vorsätzlichen Formgerüst, das Richtungen und Volumen des Körpers bereits im voraus kennt. Schwämme sind vom zoologischen Standpunkt aus gesprochen formlose Körper, weil kein regelmässiges Wachstumsgesetz die Form beherrscht. Das Wachstum richtet sich nach den räumlichen Verhältnissen der Aussenwelt. Durch enge Kammern und Nischen verliert sich das Licht im Innern des Holzkörpers.

Behälter

Bis fassende und gefasste Teile sich untrennbar miteinander verbinden, kein innen und aussen mehr besteht (Osmose). Form hat keinen Inhalt, Form ist Inhalt.

Der Jenische C.R. hat vom Behälter eine ganz andere Vorstellung. Er erzählte von einem seiner Onkel, der die Weidenkörbe so dicht flechten konnte, dass sie als Wassereimer benutzbar waren.

Noch nie ist mir Photo = Licht
so deutlich vor Augen gekommen.

Plankton, der Feinstaub des Vagen, die
Summe von Übergängen, Verschwommen-
heit, Energiewandel, fortwährende Auflösung und Neugruppierung.

Neuston = das Schwimmende

Die Haut des Sees ist eine hauchdünne
Schicht an der Grenze zwischen Wasser
und Luft, ein riesiges Fangnetz für
Schadstoffe, die in das komplexe Geflecht
eindringen.

Die Bilder im Schwebezustand zwischen
Abbild und Idee, Gewusstem und
Geahntem, Gegenwart und Durchsichtig-
keit des Körperlichen.

Seite aus einem Tagebuch

Planktonbahnen. 1992
Holz, sandgestrahltes Glas
Grundplatte: 120×73×4,5 cm
5 gläserne Druckplatten:
je 36×27×0,6 cm
(überarbeitete Fotografie)

Plankton, durchs Mikroskop fotografiert.
16 Papiervergrösserungen schwarz/weiss
je 6,4×4,5 cm
(auf Papier montiert)

145

SOL – GEL

Geschwebe im Grün des gläsernen Körpers, grundlos. Ein unabsehbares Tasten im Feinstaub des Vagen, Auflösung und Verfestigung, von *Sol zu Gel*. Glas ist eine unendlich langsam fliessende Flüssigkeit.

Das Saumflimmern um kugelige Einschlüsse wird zum Schwebezustand zwischen Abbild und Idee, Gewusstem und Geahntem. Rippen, Furchen, Fibrillen, Bläschen und Linsenscheibchen erscheinen im Dunkelfeld zwischen Klarsicht- und Eintrübungszonen. *Vom Glaskantengrün zum Seegrün.*

Grün ist die Frabe der grossen Stoffwechselvorgänge. Alles ist immer Übergang, Auflösung und Neubildung. Genauigkeit geschieht in der bewegten Relation und nicht im verdinglichten Resultat. Das Formfischen und nicht die Fischformen. Diese wird jenes, wird ein Teil des Strudels und widerständiges Gerüst. Infusorien sind jene Kleinstlebewesen, die sich kaum merklich von ihrer Wasserumwelt zu unterscheiden beginnen. Wo beginnen ihre Gestaltgrenzflächen als Suche nach der Lücke zwischen Inhalt und Behälter, als Nochnicht und Nichtmehr?

grund – rund – und

Vom lichtempfindlichen Kolloid des Planktons zur lichtempfindlichen Gelatineschicht im Herstellungsablauf der Druckgrafiken.

H.S. 1992

Sol-Gel. 1992
6 zweifarbige Hyalographien,
1 Blindprägung und eine Druckplatte.
Auflage: 6 Exemplare
Kassettenformat: 74×61×3,7 cm

Einer der 12 netzbespannten Holzrahmen, die für je einen Monat ins Wasser gehängt wurden

Geschwebe. 1994
Acryl, Nitrolack und Farbstoff «Pintasol»
auf Holz
62×108,5 cm

Geschwebe. 1995/96
Bleistift und Wasserfarbe auf Papier
32,5×26,5 cm
Zeichnung für Installation im Aargauer
Kunsthaus, Aarau 1997

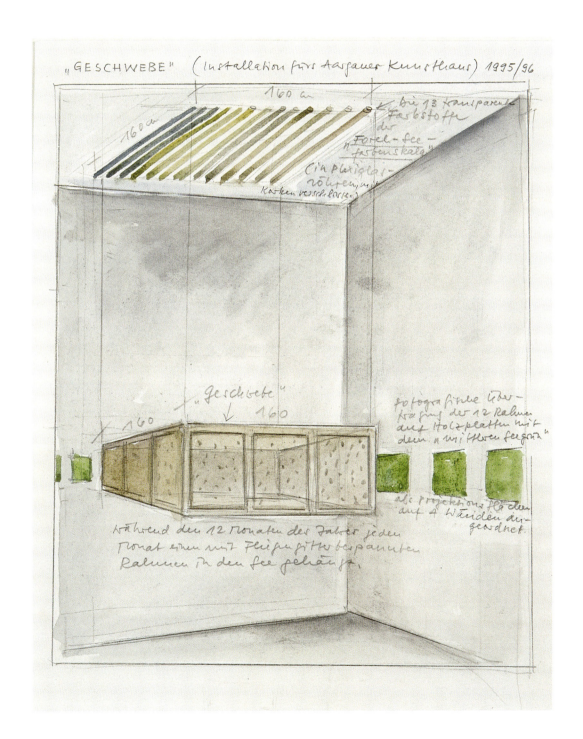

„GESCHWEBE" (Installation fürs Aargauer Kunsthaus) 1995/96

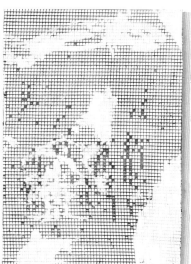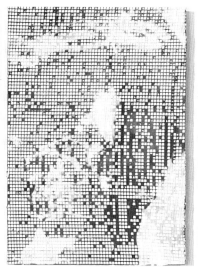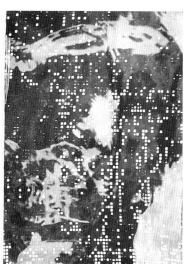

Fangnetz für Spiegelungen. 1993
4-teilig
Acrylfarbe, Nitrolack und Farbstoff
«Pintasol» auf Holz
je 58×43 cm

Spritzer und Läufe. 1988
Dispersion, Nitrolack und
Farbstoff «Pintasol» auf Holz
90×66 cm

Triebe und Läufe. 1995
Dispersion, Zaponlack und Farbstoff
«Pintasol» auf Holz
122×87 cm
Sammlung Bank Julius Bär, Zürich

Triebe und Läufe. 1987/91
Dispersion, Zaponlack und «Pintasol»
auf Holz
58,5×41 cm
Privatbesitz

Rinne und Löschblatt. 1993
Karton, Löschpapier und Farbstofflösung
Modellanordnung

Modell einer Lache, die auf einem
Asphaltplatz in Gränichen gesehen
wurde. 1991
Betonguss
5×40×60 cm (Masstab 1:10)
(9 Trocknungsphasen)

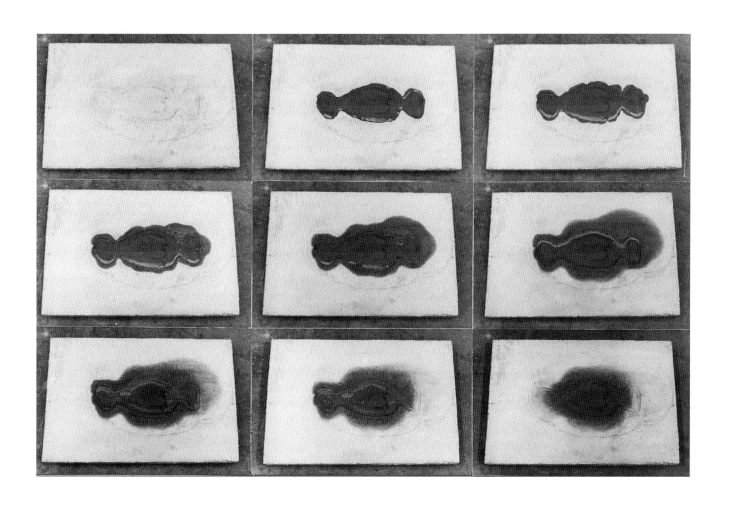

Geschwebe – Zwischen Grund und Oberfläche

1984 entstehen, von einem Schiffssteg aus auf den See, hundert Fotografien, die Schärfe dabei eingestellt auf eine mittlere Tiefe zwischen Seeoberfläche und Grund. Daraus eine ausgewählt, davon ist ein quadratmeter-grosser Rasterfilm entstanden, der, auf verschiedenste lichtempfindlich präparierte Oberflächen und Bildträger kopiert, während Jahren als Vor- und Grundlage dient. Die Fotografie gibt eine Ahnung von der vagen Flüchtigkeit jener Zone zwischen Grund und Oberfläche, der, so meine Vorstellung, Hugo Suters Bilder, wenn denn nicht die Bilder überhaupt, entstammen. Keine unbestimmte Zone zwischen zwei festen Werten, die Oberfläche selbst ist schwankend, mehr oder weniger wellenbewegt, und auch der Grund ist lebendig: «Taucher entdecken keimenden Grund», lautet die Überschrift einer Zeitungsmeldung, die Suter ins Tagebuch abgeschrieben hat. Die vier Worte hat er versetzt übereinander angeordnet und eine linear umrissene, taillierte Form so über Teile der Worte gelegt, dass sich als neue Aussage «auch ecken im rund» ergibt.

Eines der frühen Hauptwerke, welches auf dieser fotografischen Annäherung an die Zone zwischen bewegter Oberfläche und bodenlosem Grund basiert, ist «Steg zum Rembrandtgrund». Eine vage Form löst sich, amorph zuerst, aus einem dunklen Grund, wird zum Hochrelief, das in seiner Zusammensetzung aus feinen Holzbrettchen an ein Raupenband erinnert, steigt auf, wird in der Horizontalen oben zu einem gewellten Steg respektive zu einem Wellenband, das über und unter Rollen durchläuft und auf der anderen Seite wieder im Dunkel des Grundes absinkt. Mit «Rembrandtgrund» wird die höchste Qualität von Malerei überhaupt angesprochen, reinste Malerei, im Sinne von peinture pure, Malerei, die sich selbst verwirklicht, oder auch: der Ort, wo Malerei, entlassen aus der Pflicht, etwas bezeichnen zu müssen, die höchste Intensität ahnungsvoller Suggestion erreicht. Gleichzeitig verweist das Bildobjekt mit dem Wellenband auch auf die chemische Entwicklung von Bildern hin – das Wellenband kann auch als Film gelesen werden, der, mit Bildern beschichtet, aus dem Entwicklerbad auftaucht –, und auf Vorgänge aus dem Druckgewerbe. Bei der Arbeit mit dem Rasterfilm, dessen flüchtiges Bild in einem fotochemischen Übertragungsverfahren aufs vorbehandelte Holz kopiert wird, profitiert Hugo Suter natürlich von seinen Erfahrungen im Umgang mit lichtempfindlichen Materialien und Beschichtungen, die er während seiner Lehre als Retoucheur in Zofingen anfangs der sechziger Jahre gemacht hatte.

Das Bild auf dem Rasterfilm wurde hier auf einen malerisch vorbehandelten Bildträger
kopiert und danach selbst auch wieder malerisch überarbeitet: So befindet sich die Schicht
mit dem Bild der vagen Zone zwischen Seegrund und Seeoberfläche selbst auch wieder
zwischen malerisch behandeltem Grund und malerischer Überarbeitung. Und die je eigenen
Bewegungen der verschiedenen Schichten beginnen miteinander zu interferieren. Mit dem
«Steg zum Rembrandtgrund» hat Hugo Suter einen komplexen, in bestem Sinne: fundierten
und darüber hinaus ausserordentlich sinnlichen Kommentar zur Malerei geschaffen: das
Bild handelt von der Malerei, von den Gründen, aus denen jene Ahnungen und auch Bilder
aufsteigen zu lassen fähig ist, ohne selbst, in der eigentlichen Bedeutung des Wortes,
Malerei zu sein – wie überhaupt Hugo Suter nur bedingt, so raffiniert er das Handwerk versteht, als Maler zu bezeichnen wäre. Der «Steg zum Rembrandtgrund» ist zuerst ein
Stück über Malerei, ein Lehrstück, dem aber alles Didaktische fehlt, das vielmehr über eine
sinnlich reflektierende Augenlust zu dem hinführt, was die Malerei im besten Falle aus-
macht: der Steg, der zum ursprünglichen Ort der Malerei hinführt, zum Grund im doppelten
Sinne der Malerei, also auch zur Begründung und Rechtfertigung der Malerei.

Hier entsteht Interferenz noch durch Überlagerung verschiedener Bilder und ihrer verschiedenen oder verschobenen Zeichnungen und Bewegungen. Auf der Suche nach dem Bild,
das sich nicht nur als flüchtiges beschreibt oder bezeichnet, sondern selbst, als tatsächlich
flüchtiges Phänomen, im Auge des Betrachters nur im Schimmern aufscheint, beginnt
Hugo Suter bald nach dem «Rembrandtgrund» mit Interferenzfarben zu experimentieren, seit
1987 arbeitet er mit Perlglanzpigmenten: Damit erreicht er, dass sich die Farben im Auge
des sich bewegenden Betrachters verändern, dass sie je nach Lichteinfall gegen andere
Farben tendieren; dass die eine, auch sie nicht eindeutig benennbar, gleichsam irisierend
schimmernd oder schwebend in eine ebenso wenig exakt bezeichenbare andere übergehe:
wie wenn in der Erscheinung der einen Farbe die Erinnerung an die andere aufgehoben
wäre – wie wenn sich die Farben erinnern würden. 1988 schafft er ein riesiges Querformat,
eine sieben Meter breite Ellipse, in welcher dieses Phänomen des Ineinander-Übergehens
exemplarisch ausgebreitet wird und für den Betrachter, der davor steht und seinen
Blick darüber, wie über einen ausgebreiteten Horizont, schweifen lässt oder davor hin und
her geht, höchst eindrücklich und einsichtig erfahrbar wird: Das Eine geht ins Andre,
beinhaltet schon das Andre, wird zum Andren und beinhaltet noch das Eine. Die Form der

ausgebreiteten Ellipse ist wichtig und aufschlussreich, Hugo Suter bevorzugt diese geome-
trische Form auch als Grundriss bei der Aufstellung des ganzen, fünfzigteiligen Paravents:
Die Ellipse hat zwei Brennpunkte, diese dürfen als gleichberechtigte Felder interpretiert
werden, deren je eigenen Energien weit ins je andere Feld ausstrahlen oder überpendeln,
wo sie sich gegenseitig überlagern und zu irisieren beginnen. Darum geht es Hugo Suter,
um «Bilder im Schwebezustand zwischen Abbild und Idee, Gewusstem und Geahntem,
Gegenwart und Durchsichtigkeit des Körperlichen».

Im Roman «Der schnurgerade Kanal» von Gerhard Meier lesen wir dies: «Wenn die Blätter
dahintreiben auf den Flüssen im November, passieren sie jene Ellipsen, die von den Bogenbrücken zusammen mit ihren Spiegelbildern gebildet werden. Auch die Schatten der
Bogenbrücken gilt es zu passieren.»

In seiner Untersuchung der Gebiete zwischen Grund und Oberfläche und ihrer dazwischen
vagierenden Bewegungen liegt es nahe, dass Hugo Suter auf das Plankton gekommen
ist, auf jenen, wie er sagt, «Feinstaub des Vagen», der ja auch für die Farbe des Sees mitverantwortlich sei. Das Plankton enthält den grössten Formenreichtum des Mikrokosmos, es
ist transparent, präziser: diaphan, und seine Beschaffenheit laviert zwischen Verfestigung
und Verflüssigung hin und her, und es ist vom Licht abhängig. Dem Plankton hat er lang
dauernde Untersuchungen und mehrere Arbeiten, wie zum Beispiel die überaus komplexe,
grüne Graphik-Mappe «SOL-GEL», gewidmet. Über ein Jahr hat er jeden Monat ein Gitternetz
in den See gehängt und Plankton und mit diesem natürlich auch anderes Material gesam-
melt, diese Gitter hat er verwendet, um damit Siebdrucke in der Farbe des mittleren, durch-
schnittlichen See-Grüns zu drucken.

Die Bewegung zwischen Grund und Oberfläche ist sehr wichtig in der bildnerischen Untersuchung von Hugo Suter, in dieser vagen Zone haben die Bilder genau zu sein. Wobei,
wie gesagt, das Verhältnis durchaus auch als eines zwischen bildnerischer Begründung und
visualisierter Idee auf der Bildfläche verstanden werden darf. Die bildnerischen Entscheide
sind immer wohl legitimiert; mag die Begründung noch so freien Entscheiden folgen, die
Ausführung lässt sich, in Kenntnis der Gegeben sei-Bedingung, wie wir sie von der klassischen Konzept Kunst her kennen, immer erklären oder nachvollziehen. Das Werk erschöpft

sich jedoch nie im Konzept oder in der wissenschaftlichen oder pseudowissenschaftlichen Modell-Zeichnung, das visuelle Ergebnis, das die Erkenntnis prüft und mit der Gewissheit der Unsicherheit konfrontiert, ist für jede Arbeit dieses weit sich verästelnden Werkes konstitutiv. Eine Notiz aus dem Tagebuch, zum Verhältnis von wissenschaftlicher Zeichnung und Kunstwerk:«Die Kunst versucht immer, von der Erkenntnis wegzugehen. Die erste Entwurfszeichnung ist oft eine reine Erkenntniszeichnung. Man ist auf der Suche und muss erst alles kennenlernen. Eine naturwissenschaftliche Zeichnung ist noch keine Kunst. Man kann von ihr ausgehen, um von ihr wegzugehen, dorthin, wo das Ungewisse und Unbekannte beginnt.»

Sommerstagnation. 1991
Acryl auf Holz
120×136×5 cm
Schweiz. Eidgenossenschaft

Im Grün. 1992
Acrylfarbe auf Holz
34×72 cm
E. Oberwiler, Dardagny

Schönformen der Seefarben. 1991
4-teilig
Acrylfarbe und Bootslack auf Holz
115×595×3 cm

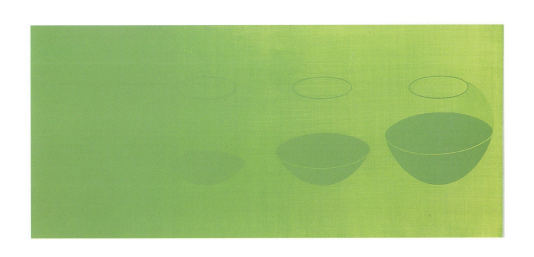

Farbmessen und Farbschauen

Das Gemessene schauen und das
Geschaute messen.
Der Farbraum liegt im Abstand zwischen
Messen und Schauen.
Eine gemessene Farbe ist richtig, eine
geschaute Farbe stimmt. Stimmen umfasst
mehr, es schwingt noch das Unbekannte
mit. Geht es vielleicht darum, mit der
Regelhaftigkeit des Messens etwas zum
Stimmen zu bringen.

Bootshaus Farbmessungen, 14. August 1991				13 Farbtöne		
	Y	X	y	L*	a*	b*
Uferzone	23	0,342	0,430	66,0	−33,4	10,4
	95	0,396	0,405	60,4	−29,4	28,8
	16	0,360	0,480	52,4	−25,5	31,8
unter dem Steg	60	0,414	0,360	61,3	−38,7	43,7
				82,0	−9,1	21,3
unter dem Bootshaus	12	0,335	0,502	78,4	−24,1	14,7
				61,1	−24,2	38,9
andere Seeseite				67,3	−22,4	30,6
über dem Wasser	585	0,292	0,368	57,2	−22,0	33,1
				59,6	−7,4	45,5
Uferzone	60	0,417	0,417	57,0	−10,1	41,1
Nachmittag	22	0,360	0,356	52,8	−5,0	33,0
				64,4	4,9	40,5
				63,0	−18,9	31,8

Seite aus dem Tagebuch

Bootshaus Gredinger. 1991
Acryl, Wasserfarbe, Farbstift und Bleistift
auf Papier und Holz
Plexiglasbox
54×78 cm
E. Oberwiler, Dardagny

Modell für «Sommerstagnation». 1991
Seefarbenform
Acryl auf Holz
121×140,5 cm

ein eigentümliches Gefühl, besonders in dunklen Nächten, wenn die Gedanken zu grossen, weltweiten Themen in andere Sphären gewandert waren, dieses leichte Zerren zu spüren, welches das Träumen unterbrach und mich wieder an die Natur kettete. Ich hatte das Gefühl, als ob ich demnächst ebensogut meine Angel hinauf in die Luft werfen könnte wie nieder in das kaum dichtere Element. So fing ich zwei Fische mit einer Angel.

Die Umgebung des Waldensees ist in bescheidenem Massstab angelegt und kann, obgleich sie sehr schön ist, auf die Bezeichnung «grossartig» keinen Anspruch machen. Sie hat auch wohl nicht viel Reiz für jemand, der sie nicht oft besucht oder an dem Ufer gewohnt hat; aber der Teich ist so merkwürdig wegen seiner Tiefe und Reinheit, dass er eine besondere Beschreibung verdient. Er ist ein klarer und tiefer grüner Brunnen, eine halbe Meile lang, eindreiviertel Meilen im Umkreis, und er umfasst eine Oberfläche von einundsechzig und einem halben Morgen: eine dauernde Quelle zwischen Fichten- und Eichenwäldern, ohne sichtbaren Zu- oder Abfluss, ausser durch Wolken und Verdunstung. Die umliegenden Hügel steigen vom Wasser an steil zu vierzig bis achtzig Fuss Höhe hinan, nur im Süden und Südosten erreichen sie innerhalb einer Viertel- oder Drittelmeile eine Höhe von hundert bis hundertfünfzig Fuss. Sie sind alle bewaldet. Alle unsere Gewässer in Concord haben wenigstens zwei Farben, deren eine aus der Entfernung, die andere, eigentlichere mehr aus der Nähe gesehen wird. Die erstere hängt mehr von dem Licht ab und gehorcht dem Himmel. Im Sommer, bei klarem Wetter, sehen die Gewässer aus geringer Entfernung, besonders wenn sie bewegt sind, blau aus, und in grosser Entfernung erscheinen sie alle gleich. Bei stürmischem Wetter haben sie manchmal eine *dunkle Schieferfärbung.* Das Meer aber soll einen Tag blau, den andern wieder grün erscheinen, ohne dass eine bemerkenswerte Veränderung in der Atmosphäre vorgegangen ist. Ich sah in unserm Fluss, als die Landschaft mit Schnee bedeckt war, *Wasser und Eis fast so grün wie Gras. Manche halten Blau für die Farbe des reinen Wassers,* ob es nun flüssig oder fest ist. Blickt man aber von einem Boot aus direkt in unsere Gewässer hinein, so sieht man, dass sie von sehr verschiedener Farbe sind. Der Waldensee ist von genau dem gleichen Punkte aus einmal grün, das andere Mal blau. Er liegt zwischen Himmel und Erde und nimmt an den Farben der beiden Teil. Von der Spitze eines Hügels aus gesehen, spiegelt er den Himmel wider, ist man aber nahe daran, so zeigt er sich dicht beim Ufer, wo man den Sand durchsehen kann, g*elblich, dann hellgrün gefärbt, und dieses Hellgrün geht allmählich nach der Teichmitte zu*

in *das allgemeine dunkle Grün* über. Bei besonderer Beleuchtung ist er, auch von einem Hügel aus gesehen, dicht beim Ufer leuchtend grün gefärbt. Manche halten dies für die Spiegelung des Ufergrüns. *Er ist aber ebenso grün bei dem sandigen Eisenbahndamm und im Frühling, ehe die Blätter herausgekommen sind; wahrscheinlich ist es das Resultat der Mischung des dominierenden Blau mit dem Gelb des Ufersandes. Das ist die Farbe seiner Iris.* Hier ist auch die Stelle, wo im Frühling das Eis, nachdem es von der vom Grunde zurückstrahlenden und von der Erde absorbierten Sonnenglut erwärmt wurde, zuerst schmilzt und um die noch gefrorene Mitte einen engen Kanal zieht. Wie unsere übrigen Gewässer erscheint auch der Teich in starker Bewegung und bei klarem Wetter, wenn die Oberfläche der Wellen den Himmel in einem rechten Winkel spiegeln kann oder mehr Licht sich mit ihm vermischt, aus einiger Entfernung von dunklerem Blau als der Himmel selbst. War ich zu einer solchen Zeit auf dem See und sah mit geteiltem Blick hinein, so dass ich zugleich die Reflexe wahrnehmen konnte, dann bemerkte ich manchmal ein unbeschreibliches, *unvergleichliches lichtes Blau, blauer als der Himmel selbst,* wie es allenfalls Moiré- oder Changeantseide oder eine Schwertklinge hervorzaubern können. Es wechselte mit dem ursprünglichen Dunkelgrün der entgegengesetzten Wellenseiten, welch letzteres im Vergleich ganz schmutzig erschien. Es war, soviel ich mich erinnere, ein *glasiges Grünlichblau,* wie man es hie und da an Wintertagen kurz vor Sonnenuntergang fleckenweise an wolkenfreien Stellen durchblicken sieht. Und doch ist ein Glas dieses Teichwassers, das zum Licht gehalten wird, so farblos wie die gleiche Menge Luft. Es ist *wohlbekannt, dass eine dicke Glasplatte grüne Färbung hat – «der Körper ist grün», wie die Glasmacher sagen -, während ein dünnes Stückchen farblos ist. Wie stark der Wasserkörper des Waldensees sein muss, um grüne Färbung zu zeigen, habe ich nicht ermittelt. Das Wasser unseres Flusses ist schwarz oder dunkelbraun, wenn man direkt von oben hineinsieht, und verleiht wie das Wasser der meisten Teiche dem Körper des darinnen Badenden einen gelblichen Anflug; dieses Wasser aber ist von solch kristallklarer Reinheit, dass der Körper des Badenden noch unnatürlicher alabasterweiss herausleuchtet, was, da die Glieder drinnen vergrössert und verrenkt erscheinen, eine monströse Wirkung hervorbringt und passende Studiengelegenheiten für einen Michelangelo abgeben würde.*

Das Wasser ist so durchsichtig, dass der Grund noch bei einer Tiefe von fünfundzwanzig bis dreissig Fuss leicht gesehen werden kann. Rudert man darüber hin, so sieht man viele Fuss tief unter

aus: Henry David Thoreau «Walden oder
Leben in den Wäldern», 1854
(kursiv Gesetztes entspricht
Unterstreichungen von H.S.)

der Oberfläche Schwärme von oft nur ein Zoll langen Barschen und Weissfischen, von denen man die ersteren leicht an den Querstreifen erkennt. Ich dachte, dass das asketische Fische sein müssen, die da unten ihre Nahrung finden. Als ich vor vielen Jahren im Winter einmal Löcher in das Eis gehauen hatte, um Grashechte zu fangen, und beim Betreten des Ufers an meine Axt stiess, so dass sie auf das Eis zurückglitt, fuhr dieselbe wie von einem bösen Geist getrieben sechzig bis neunzig Fuss weit direkt in eines der Löcher hinein, wo das Wasser fünfundzwanzig Fuss tief war. Neugierig legte ich mich auf das Eis und blickte durch das Loch, bis ich auf der Seite die Axt sah; sie stand auf dem Kopf, den Stiel in der Höhe, welcher mit dem Pulsschlag des Teiches leise hin un her schwankte; da hätte sie nun aufrecht stehen und schwanken können, bis im Laufe der Zeit der Stiel abgefault wäre, wenn ich sie nicht daran gehindert hätte. Direkt über ihr machte ich mit dem Eismeissel, den ich bei mir hatte, ein zweites Loch, schnitt mit dem Messer die längste Birke, welche ich in der Nähe finden konnte, ab und befestigte an ihrem Ende eine Schnurschlinge; ich dirigierte dieses Instrument sorgfältig hinab, liess die Schlinge über den Kopf des Stieles gleiten, zog die Axt mit der Schnur entlang der Birke herauf und brachte sie auf diese Weise wieder heraus.

Das Ufer besteht aus einem Gürtel glatter, runder, weisser Steine, wie man sie zum Pflastern nimmt; es ist nur an zwei Stellen durch kurze Sandbänke unterbrochen und so steil, dass einem an vielen Stellen das Wasser beim ersten Sprung über den Kopf geht. Wäre der See nicht so wunderbar klar, so wäre sein Grund von hier aus nicht mehr zu sehen bis dorthin, wo er am entgegengesetzten Ufer wieder in die Höhe steigt. Manche halten den Teich für grundlos. Er ist nirgends schlammig, und ein oberflächlicher Beobachter würde behaupten, dass keinerlei Pflanzen darin vorkommen. Auch bei näherer Untersuchung findet man, ausser in den kleinen Wiesen, welche erst kürzlich überschwemmt wurden und eigentlich nicht dazu gehören, keine bemerkenswerten Pflanzen, keine Schwertlilien, keine Binse, nicht einmal eine gelbe oder weisse Wasserlilie, sondern nur einige Herzblätter und Potamogetonen; diese würde aber der Badende kaum bemerken, und die Pflanzen sind so rein und glänzend wie das Element, in dem sie wachsen. Die Steine erstrecken sich sechzehn bis dreissig Fuss weit in das Wasser hinein, dann besteht der Boden aus reinem Sand, ausgenommen an der tiefsten Stelle in der Mitte, wo sich gewöhnlich etwas Bodensatz findet, wahrscheinlich von der Zersetzung der Blätter, welche durch so viele aufeinanderfolgende

Herbste hergeweht wurden; eine glänzende hellgrüne Pflanze wird selbst mitten im Winter mit dem Anker heraufgebracht. (…)

Ein See ist der schönste und ausdrucksvollste Zug einer Landschaft. Er ist das Auge der Erde. Wer hineinblickt, ermisst an ihm die Tiefe seiner eigenen Natur. Die Bäume dicht am Ufer, welche sein Wasser saugen und in ihm zerfliessen, sind die schlanken Wimpern, die es umsäumen, und die waldigen Hügel und Felsen die Augenbrauen, die es überschatten.

Woher der Ausdruck *«die glasige Oberfläche eines Sees»* kommt, das sah ich an stillen Septembernachmittagen, wenn der Dunst das gegenüberliegende Ufer leicht verschleierte, von dem glatten, sandigen Gestade vom Ostende des Teiches aus. Dreht man den Kopf zur Seite, so sieht der See aus wie der feinste Sommerfaden, der über das Tal hinübergespannt ist; indem er sich glänzend von dem fernern Tannenwald abhebt, scheidet er eine Luftschicht von der andern. Man hat das Gefühl, dass man trockenen Fusses darunter hindurch zu den gegenüberliegenden Hügeln gehen, dass die Schwalbe, welche darüber schwebt, sich darauf niederlassen kann. Manchmal taucht sie auch wirklich wie aus Versehen unter die Oberfläche und erkennt ihren Irrtum. Blickt man über den Teich nach Westen zu, so muss man beide Hände zum Schutz der Augen sowohl gegen die wirkliche Sonne als auch deren Spiegelbild zu Hilfe nehmen, denn beide blenden gleich stark. Betrachtet man nun zwischen den beiden Sonnen aufmerksam die Oberfläche, so zeigt sich, dass die wirklich so glatt wie Glas ist, ausgenommen dort, wo die in gleichmässigen Zwischenräumen über die ganze Seeausdehnung zerstreuten Wasserläuferinsekten durch ihre Bewegungen in der Sonne die denkbar feinsten Glitzerfunken hervorbringen, wo allenfalls eine Ente ihr Gefieder glatt streicht oder eine Schwalbe tief genug herunterstreift, um das Wasser zu berühren. Hie und da beschreibt drüben ein Fisch einen Bogen von drei bis vier Fuss durch die Luft, und ein blendender Blitz zuckt auf, wo er herauskam, und dort, wo er wieder das Wasser traf; manchmal ist der ganze silberne Bogen zu sehen; oder hier und dort schwimmt ein Stück Distelwolle, nach dem die Fische schnappen, um so die Oberfläche wieder aufglitzern zu lassen. *Der See sieht aus wie geschmolzenes, kühles, aber nicht erstarrtes Glas,* und die Stäubchen darin sind rein und schön wie die Bläschen im Glas. Oft bemerkt man ein noch glatteres, dunkleres Wasser, das von dem übrigen wie durch einen unsichtbaren Spinnwebfaden abgeteilt ist, dem Hafenbaum der Wassernymphen, welche dort der Ruhe pflegen. Von der Spitze eines Hügels aus sieht man fast

Die Wasserfarben als Farben des Wassers

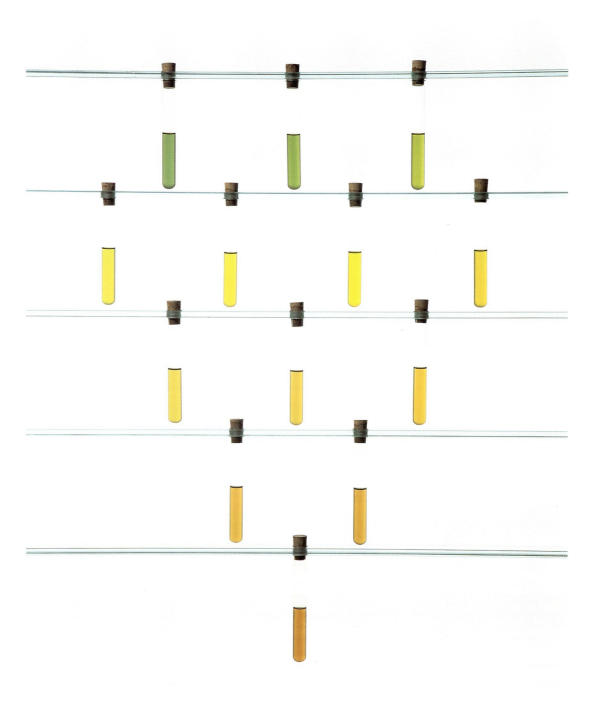

Forel-Seefarbenskala. 1992
Metallsalzlösungen in Reagenzgläschen

Forel-Seefarben fotografiert
Sonntag, 29. September 1996, Wasser-
temperatur 15,8 Grad,
leicht bedeckter Himmel
Secchi-Scheibe auf halber Sichttiefe
150 cm ins Wasser abgesenkt

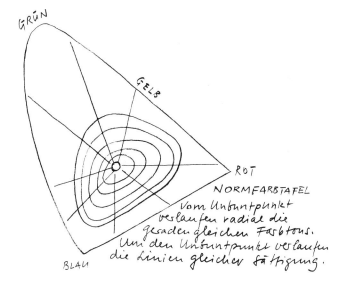

GRÜN
GELB
ROT
NORMFARBTAFEL
Vom Unbuntpunkt
verlaufen radial die
geraden gleichen Farbtons.
Um den Unbuntpunkt verlaufen
die Linien gleicher Sättigung.
BLAU

Projekt «Aus dem mittleren Grau»

Im Farbladen eine Büchse Farbe nach mit-
gebrachtem Muster («mittleres Grau» ohne
Fremdfarbenanteile) nachmischen lassen.

Die nachgemischte Farbe wieder als Muster
aufmalen und im nächsten Farbladen nachmischen lassen.

Nach mehreren Stationen wird die Summe
von kleineren Abweichungen zu einem
neuen Farbton führen.

«Kleine Fehler im System sind für die
organische Ordnung des Lebens
notwendig.»
(Ludmila Vachtova zu Sol LeWitt)

Aus dem mittleren Grau I

Ein Zeitungsbild besteht aus unterschiedlich hellen und dunklen Partien.

Die Umgebung des Zeitungsbildes müsste
ganzseitig mit dem Mittelwert dieser
verschiedenen Tonstufen gedruckt werden.

So hätte man ein weitflächiges Grau, aus
dem sich in der Mitte ein paar kleinteilige
Helligkeiten und Dunkelheiten herauslösen.

Was kurzfristig aus dem Allgemeinen zum
Besonderen wird.

Seite aus dem Tagebuch

Farbsteinweg. 1989
(Normfarbtafel)
Dispersion auf Holz
81×72 cm
Ruth und Jörg Nyffeler, Erstfeld

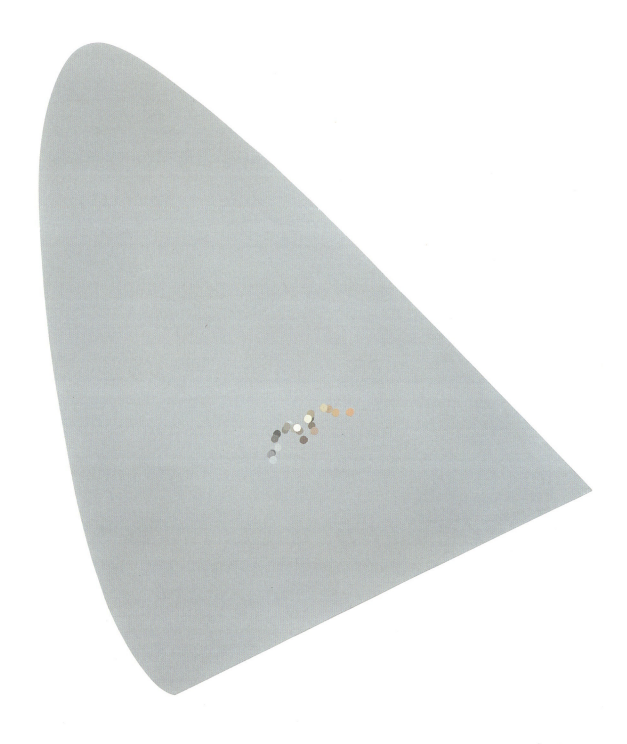

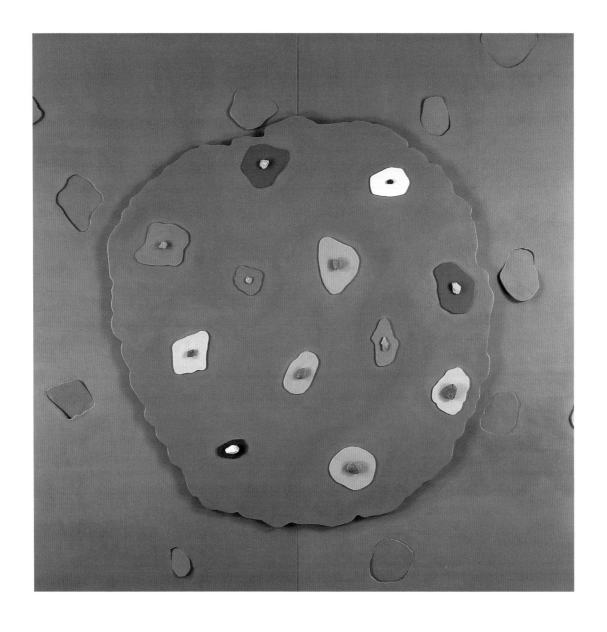

Beim Rändergang erscheinen Orte. 1990
3-teilig
Acrylfarbe und Steine auf Holz
246×246×9 cm

Camera. 1975/76
2-teilig
Natursteinmosaik in Zement,
Fotoleinwand
je 52×43×3,5 cm

«Camera» 1975
Suche nach grauen Steinen auf der mittelgrau erscheinenden Fläche eines Kiesplatzes. Beim genaueren Hinschauen hat
sich die Grauerscheinung in die Grau-
idee gewandelt. Es war kein Grau ohne
Fremdfarbanteile zu finden.
Die graunahesten Steine sind zu einem
Mosaik zusammengesetzt und mit
den Graustufen des fotografischen Abbildes
vergleichend zueinander in Beziehung
gebracht worden. Bild und Abbild des
Abgebildeten, mit all den dazwischenlie-
genden fototechnischen Umsetzungs-
vorgängen... schon erscheint wieder die
Bildmagie mit ihren faszinierenden
«Unsauberkeiten» als Abweichungen und
Unwägbarkeiten. Schauen... das ist es.

H.S. 1988

Modell «Für Regenschauer»
Acryl auf Holz
121×102×5 cm

Aus dem Grau. 1988
Acrylfarbe, Nitrolack und Farbstoff
«Pintasol» auf Holz
144×114×5 cm

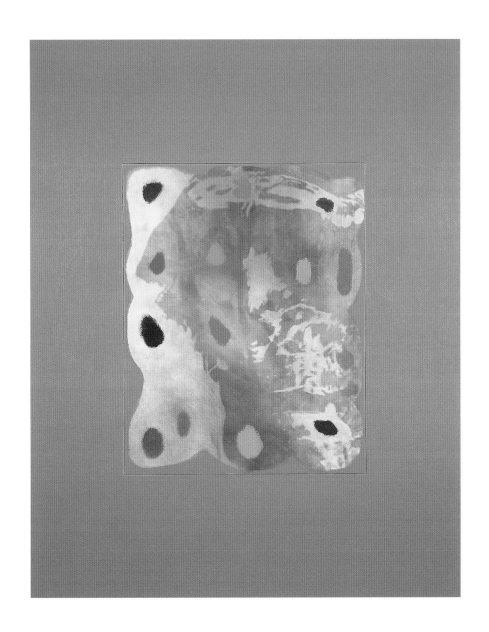

Im Grau, im Grün gemessen

Wir sind dem Farben Messen, der wissenschaftlich genauen Bestimmung von Farben, wie sie das Chromameter erlaubt, oben, im Zusammenhang mit Caspar Wolf schon begegnet. Das Bemühen, Farben von fotografisch festgehaltenen Landschaftsausschnitten in der grösstmöglichen «Richtigkeit» in die Wandmalerei zu übertragen, hatte Theo Kneubühler und Hugo Suter schon während der Kunst am Bau- Arbeit für die Kantosnschule Wohlen 1986 dazu geführt, Farbtöne streng wissenschaftlich auszumessen und zu bestimmen. Hier wurden die Ergebnisse ein erstes Mal, für den Betrachter nicht erkennbar, angewendet. 1987 dann, in der Installation zu Caspar Wolf, mit der Präsentation einer grauen Bildtafel, deren Aussenform jener der Normfarbtafel entspricht, nicht nur die Anwendung der ausgewerteten Messresultate im monochromen Höhlenbild, sondern auch der Hinweis, wie diese Durchschnittsfarbe mit dem Mittelwert aus Helligkeit, Ton und Sättigung zuvor bestimmt worden war.

Die Bildtafel «Farbsteinweg (Normfarbtafel)» von 1988 spricht von Hugo Suters Suche nach der möglichst neutralen Farbe und von den Abweichungen vom Durchschnitt, von den «kleinen lebensnotwendigen Fehlern im System»; er selbst kommentierte damals die neben der schematischen Skizze abgebildete Malerei so:«Ausgestattet mit der langjährigen Erfahrung, dass der graue Kiesplatz keine reingrauen Steine enthält, bin ich auf die Suche nach den farbigsten Steinen gegangen. Helligkeit, Ton und Sättigung farbmetrisch definierend, sind ihre Farborte auf die Normfarbtafel gemalt worden. Abseits von Reingrau und Graurein werden Farben gefunden, deren Orte den Verlauf des Weges erwarten. Hat sich ein Wegstück abgezeichnet, wandeln sich die Farbfindungen zur Wegverlaufs- als Formbestimmung, für die die dazugehörenden Farben gesucht werden.» (Aus dem Kommentar im Katalog der Ausstellung im Kunsthaus Zürich 1988)

Die Beschäftigung mit der neutralen Farbe, besser: mit der von uns als neutral aufgefassten Farbe, hat einen listigen, aufschlussreichen Vorläufer in der zweiteiligen Arbeit «Camera», die aus dem Jahre 1975 stammt und also beweist, dass ein diesbezügliches Interesse schon rund zehn Jahre vor der wissenschaftlichen Bestimmung der Farben bestanden hat. Mit auf dem erwähnten, mittelgrau erscheinenden Kiesplatz gesuchten, möglichst durchschnittlich mittelgrau erscheinenden Kieseln wurde ein Mosaik, eine Fotokamera darstellend, aufgebaut, dieses Mosaik wurde schwarz-weiss fotografiert und die Fotoleinwand, im gleichen Format wie das Mosaik, neben dem Mosaik präsentiert. Ganz lapidar.

Es gibt, seit Hugo Suter 1972 an den See gezogen ist, diese intensive Beschäftigung mit der stets sich wandelnden Erscheinung des Sees und seiner Wasseroberfläche, seiner «Haut», jener, wie er schreibt, «hauchdünnen Schicht an der Grenze zwischen Wasser und Luft»; es gibt, seit jener Zeit, wie wir eben gesehen haben, die Beschäftigung mit der als unspektakulär oder selbstverständlich empfundenen Farbe, ein Interesse, das zehn Jahre später zum Interesse an wissenschaftlichen Methoden im Umgang mit der Farbe führt; und es gibt, nicht überraschend, die brennende Frage nach der stets sich verändert präsentierenden Farbe und Farbigkeit des Sees. Naheliegend also, dass Hugo Suter in seinem Wissensdrang auch auf François Alphonse Forel gestossen ist, einen Forscher aus dem Waadtland, der mit seinen lebenslangen Beobachtungen, Studien und Untersuchungen des Lac Léman zum Begründer der Limnologie, der Seenkunde, geworden ist. Ihm widmete Hugo Suter 1992 eine Ausstellung in Brüssel und die dazu erschienene, mit «Hommage à F.A. Forel» betitelte kleine Publikation. Auf diesen Forscher und auf seine Methoden der See-Farbenbestimmung respektive auf seine Aussagen zur Qualität des Wassers anhand dessen farblicher Erscheinung bezieht sich explizit natürlich die «Forel-Seefarbenskala» von 1992, das analoge Werk zur Normfarbtafel, auf die Beschäftigung mit Forel verweisen aber auch die verschiedenen Werke in ganz spezifischen Grün-Tönen, deren Titel – «Sommerstagnation», «Eutrophes Grün» – in uns Erinnerungen an den Biologie-Unterricht wachrufen.

Die Farbe des Kiesplatzes, die Farbe des Sees: immer wieder beschäftigt sich Hugo Suter mit dem Naheliegenden: dem Unbekannten nachspürend, das aus dem Bekannten hervordringt und das Bekannte als Unbekanntes zeigt.

Eine Tagebuchnotiz zum Thema Farbmessen: «Eine gemessene Farbe ist richtig, eine geschaute Farbe stimmt.»

Ohne Titel. 1989
Acrylfarbe auf MDF-Platte, graviert
30×22,8 cm
Kunstverein Biel

Linoldruck. 1996
2-farbige Hyalographie
70×50 cm

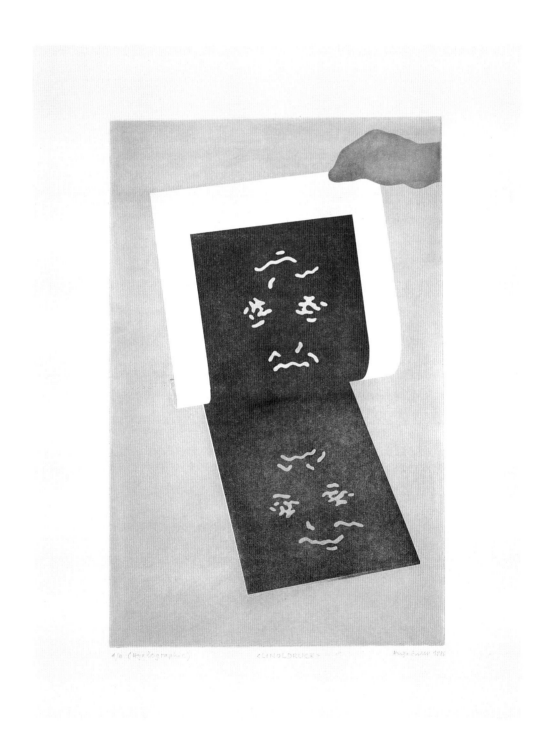

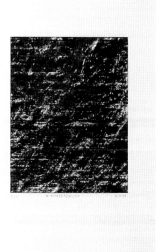

Tangenten. 1982
(Fotoporträts aus einem Album und
abperlendes Wasser auf der asphalt-
beschichteten Druckplatte)
Fotoätzung 2-teilig
je 38×53 cm

Kupfer + Papier = Kupferdruck. 1991
3 Blätter als Fotoätzungen
je 42×30 cm

Das Robotbild des Gesuchten. 1986
1 Original (Gouache) 50×42 cm
7 Radierungen, je 33,5×29,5 cm
Auflage: 7 Exemplare

Das Robotbild des Gesuchten

Ein Robotbild aus der Zeitung wurde in sieben Fassungen mit Dispersionsfarbe auf einzelne Kartons gemalt. Diese Portraits sind danach wieder fotografisch auf die Ausgangsgrösse und in den Druck zurückgeführt worden.

Aufgrund von mehr oder weniger diffusen Wahrnehmungen wird eine Augen-, Ohren, Nasen- und Mundzeichensammlung gesichtet, aus Teilen davon das Portrait zusammengesetzt und in der Zeitung passbildgross abgedruckt. Im additiven Prinzip wird aus der Mehrheit von Allgemeinheiten die soziologische Einzigkeit, der Typus zu erfassen versucht. Dabei entsteht auf exemplarische Weise STIL. Stil bedeutet immer eine allgemeine Formgebung, die an einer beliebigen Zahl mannigfaltigster Erscheinungen gleichmässig wirksam wird.

Damit ist die Voraussetzung gegeben, im gestalterischen Nachvollzug durch vergrösserte Darstellung das Stilbild zu untersuchen, um vielleicht eine Person hinter dem Modell aufscheinen zu lassen.

Frei von Deutungsversuchen geht es darum, sich wiederholt an den Vorgang der Darstellung zu verlieren. Die Kopie der Kopie der Kopie... Abweichungen entstehen aus dem Unvermögen, das vorgängige Portrait genau wiederholen zu können. Es sind Fehler und zugleich jene fruchtbaren Missverständnisse, die die alleinige Gelegenheit bieten, Genauigkeit gegenüber dem Erwarteten zu erzeugen. Mit jedem neuen Kopierversuch mehren sich aber nicht zwangsläufg die Abweichungen, weil die Erinnerung sich über das vorgängige Portrait hinaus auch auf frühere Fassungen bezieht und aus dem Augenlied wieder ein Lid macht.

Auf dem siebenten Karton ist die Neugier am Darstellungsvorgang erlahmt.

Eine seltsame Unräumlichkeit und an kein bestimmtes Gesicht anzuheftende Intensität hat diese Abläufe begleitet. Etwas örtlich Unbestimmtes und Vages, das doch nicht vieldeutig, überhaupt nicht deutig geworden ist.

H.S. Mai 1986

Suzuki. 1994/95
2-farbige Aquatinta
64×55 cm

Zeitungsbild. 1995/96
Montage aus Papiervergrösserungen
schwarz/weiss und Gouache
28×23,8 cm

4 Leser, 4 Zeitungen,
gleiche Nachrichten. 1972
Papiervergrösserung
schwarz/weiss
50×50 cm

Zeitungspapiervergilbung. 1993
Bleistift und Acrylfarbe
auf Zeitungspapier
56×77,5 cm

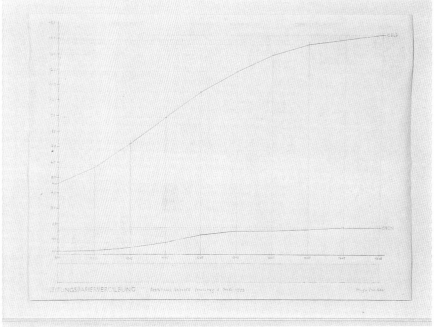

Seite aus dem Tagebuch mit überarbeitetem Zeitungsbild

Stein für Gedenkstein-Enthüllung. 1993
Acrylfarbe auf Holz
30×42×18 cm

Chagall wird 90. 1977
Fotopapier auf Karton
49,5×69 cm

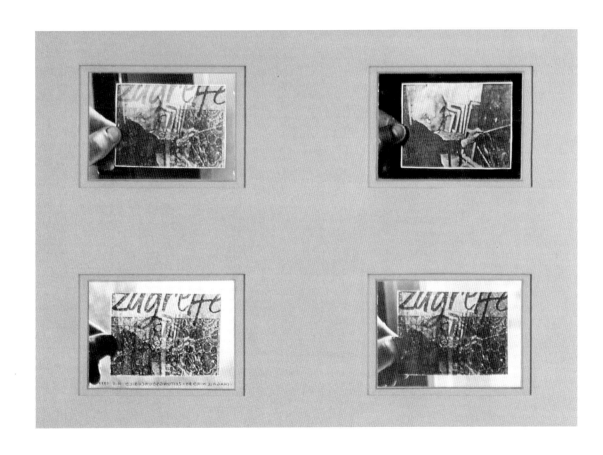

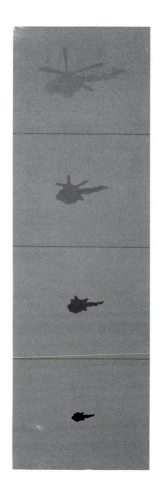

An 6 Tagen der Woche das Bild des
Jungschützen abgemalt. 1974
Wasserfarbe auf Papier (auf Karton)
38×150 cm
Privatbesitz

Kaffeefleck. 1989
(morgendliche Zeitungslektüre)
Acrylfarbe auf Holz
114,3×37×5 cm

Zeitungsbild. 1989
Beton
60×40×5 cm

Seite aus dem Tagebuch

Tagplatten

Während einer Woche jeden Tag ein
Zeitungsbild in ein Betonrelief übertragen.
Das Druckbild wird räumlich gedeutet
und direkt als Gussform negativ in eine
Holzplatte gefräst und geschliffen.

Die Grösse des Betonreliefs richtet sich
nach dem Aufwand, der durch eine
konzentrierte Tagesarbeit zu bewältigen ist.

Das Zeitungsbild

Die Auseinandersetzung mit dem Naheliegenden, dem bekannt Scheinenden, um über das Unbekannte darin, und damit auch über dieses selbst, mehr zu erfahren: der Kiesplatz, der See, die Werke des Murianer Landschaftsmalers Caspar Wolf; und naheliegend auch dies: das Zeitungsbild, gestern in der Druckerei, heute in allen Haushaltungen, morgen auf dem Altpapier. Warum sollte, wer sich einer trocknenden Lache in Seon mit Aufmerksamkeit nähert, sich nicht auch um das absolut frei verfügbare Bild kümmern, und sich nicht die Frage stellen, ob ein solches Verschleissbild denn nicht allenfalls einer neugierigen künstlerischen Untersuchung als Bildgegenstand zur Verfügung stehen oder sich ihr gar anbieten könnte? Oder, anders gefragt: Wenn das neutrale mittlere Grau, dieses durchschnittliche Neutrum, so schwierig nur in reinster Reinheit zu finden ist: wie verhält es sich denn mit dem möglichst neutralen Bild?

Die Probe aufs Exempel: 1974 an sechs Tagen der Woche das Bild des Jungschützen abgemalt – beim siebten Mal, sagt Hugo Suter, später, erlahme die Neugier –, oder, 1989, während einer Woche jeden Tag ein – irgendein – Zeitungsbild in ein Betonrelief übertragen. So wird von Suter der Tagesablauf jenes Künstlers beschrieben, der sich, eine Absurdität sondergleichen, dazu entschlossen hätte, die täglichen Zeitungsbilder wirklich ernst zu nehmen und sie, wie in einem Denkmal, für die Ewigkeit aufbewahrbar zu machen – nicht als Mikrofilm im Archiv, sondern als Standbild: «Am Morgen Zeitungsbild auswählen, negativ in Holzplatte fräsen, schneiden und schleifen; im Laufe des Tages einen Rahmen um die Holzplatte legen und mit Beton ausgiessen; gegen Abend das Werkgeschirr reinigen und für den kommenden Tag vorbereiten.» Der Irrsinn, das Verrückte solchen Tuns bestände doch darin, dass sich hier zwei verschiedene Zeitbegriffe oder Geschwindigkeiten begegnen würden: die Verfestigung eines ebenfalls, den Begriff nun aber in einem ganz anderen Sinne als bisher gebraucht, flüchtigen Bildes in einem Monument: was doch auch hiesse, die extrem kurze Halbwertszeit eines Produktes rigoros zu verlangsamen, ins Masslose zu zerdehnen. Von dieser Halbwertszeit, wenn wir sie denn so bezeichnen wollen, handelt auch jene Arbeit mit Modellcharakter, die auf Zeitungspapier die Kurve mit der Dauer der Vergilbung von Zeitungspapier aufzeigt.

Die ungerichtete, möglichst nicht wertende und neutrale Wahl des täglichen Bildes wird es kaum geben können, zu präzis in ihrem listigen Hintersinn sind die beiden Beispiele: der

Augenblick mit dem in Beton gegossenen Blick des korrekt gekleideten Herrn auf seine Armbanduhr, oder, aus dem Lokalteil des Tagblattes, die Abbildung mit der Enthüllung eines Denkmals, das für alle Zeiten an den Anlass einer Denkmalenthüllung erinnert und solche auch im Bild festhält.

Und natürlich enthält die Zeitung mit ihrem billigen, durchscheinenden Papier unendlich viele latente Bildkombinationen, besser vielleicht: Bildkompilationen. Bilder, Konturen überlagern sich, stören sich, verunreinigen sich: Bildkontamination wäre ein möglicher Begriff für die Situation des störend in ein anderes Bild durchscheinenden Bildes. Die Zeitung gegen den Strich zu lesen und auf die Möglichkeiten hin zu prüfen, die in ihrer Durchsichtigkeit liegen, wird zu einer visuell reizvollen und anregenden Entdeckungsreise; das Tagblatt wird so zu einer Art Palimpsest, in dem sich Schichten, Bild- und Textschichten, aber auch Layout-Schichten überlagern und neue semantische Verbindungen eingehen, vielleicht gar Zusammenhänge, oder auch einfach faszinierende Bilder hervorbringen, deren Lektüre, oft auch: bewusst falsche Lektüre von Hugo Suter für die Bildfindung in seiner eigenen künstlerischen Arbeit genutzt wird:«Einen Umriss in einem Zeitungsbild festhalten und ihn anders deuten.»

Rollende Kugel 1974

In einer Halbkugelschale, die auf dem See
schwimmt, ist eine papierene Kreisfläche
eingesetzt. Durch den Wellengang bewegt
sich eine kleine Schaumstoffkugel, die,
mit Tinte getränkt, auf der Papierfläche
eine Spur hinterlässt.

Seite aus dem Tagebuch

Brestenberg. 1974
Tinte auf Papier
Durchmesser: je 96 cm
Kunstharzhalbkugel
Durchmesser: 98 cm

Rollende Erdkugel in der Holzbaracke.
1978
Modell einer Baracke mit geätztem
Fensterglas
(nicht mehr bestehend)

Rollende Kugel 1978

In einer Holzbaracke mit geätzten Fenstern
rollt eine grosse Kugel. Die Besucher
kommen hinaus aufs Feld, betreten die
Baracke und schauen aus den Fenstern.
In ihrem Rücken bewegt sich langsam
eine grosse Kugel.

Die Glaskugel rollt auf einer Tischfläche.
Die Tischfläche bewegt sich so, dass
die Kugel die unsichtbar vorhandene
Umrisslinie einer Zeichnung abrollt.

«Ich bekenne mich zu einem progressiven
Begriff der Wirklichkeit, weil in dem
‹Intervall der Kommunikation›, wie man
den Abstand zwischen Frage und Antwort
nennen kann, sich für den Betrachter
die Wirklichkeit des Kunstwerkes ereignet.
3 Bestimmungen:
die *Idealistische*
(Realisierung des Unbekannten)
die *Realistische*
(subjektive Wirklichkeit)
die *Naturalistische*
(wissenschaftliche Bestimmung)
Jede für sich allein ist ungenügend, im
Zusammenwirken aber unumgänglich, um
die ‹künstlerische Wahrheit› zu finden.»

Asger Jorn

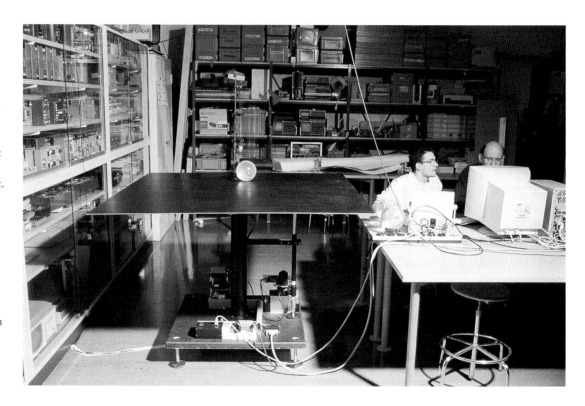

Zeichnung. 1995/1996
Rollende Glaskugel auf niveaugeregelter
Tischfläche.
Tischfläche: 160×160 cm,
Kugeldurchmesser: 12,8 cm
Elektronik-Labor, HTL Brugg-Windisch

Mit Pastellkreiden ins Muster eines abgewetzten und ausgebli-
chenen Stubenteppichs gezeichnet.
Für Filmaufnahmen mit Rolf Winnewisser wurde der Indianer
Jahre später mit dem Teppichklopfer aus dem Gewebe
vertrieben, wobei sich in rhythmischer Folge Farbwölkchen aus
dem Muster gelöst haben.
Die Puebloindianer streuen Farbpigmente auf den Sand.
Der Wind verfärbt für Augenblicke die Luft, und die Zeichnung
geht eine Verbindung mit den Energiekreisläufen ein.

Indianer. 1974
Teppich, Pastellkreide
195×293 cm

Mal das Naheliegendste. 1995
Wasserfarbe auf Papier
38×51 cm

Nachdenkend. 1988
Relief, Perlglanzpigmente auf Holz
49×64 cm

MAL DAS NAHELIEGENDSTE   Hugo Suter 1985

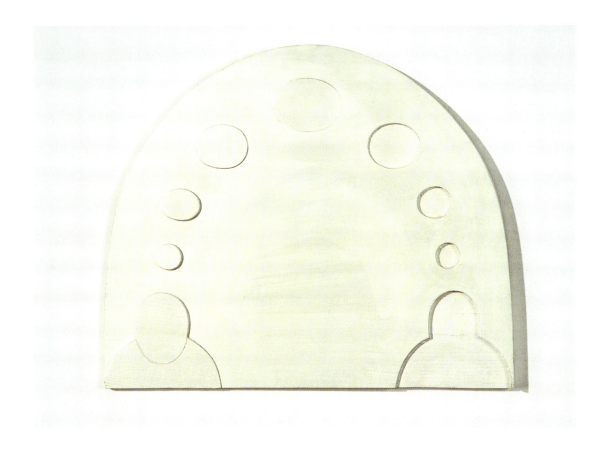

Modell für «Interferenz»
Acryl und Perlglanzpigmente auf Holz
121×113 cm
(4 Lichtsituationen)

Die Installation «Familie Runge» des Künstlers Hugo Suter ist ein Versuch, das Frühwerk (Formstudien) und das Spätwerk (Farbenmodelle) von Philipp Otto Runge in einem künstlerischen Dialog darzustellen.

Sie nimmt ihren Ausgangspunkt bei Gesichtsprofilen von Familienmitgliedern, welche in die Randzone von weichgeglühten Kupferblechen geprägt wurden. Die entstandenen Dellen und Wölbungen lassen einerseits die charakteristischen Züge der Eltern und Geschwister Runges erahnen, andererseits überlagern sie sich mit den Spuren, welche der Bearbeitungsprozess auf den Flächen hinterlassen hat, zu einem neuen formalen Ganzen. Auf der farblichen Ebene malen die mit Perlglanzpigmenten gespritzten Formen fliessende Gesichtslandschaften in Perlrot, Brilliantgelb, Perlblau, Perlgrün und Perllila.

In den verschiedenen Geschossen des Gebäudes nehmen dieselben Bildnissilhouetten als Kupferdruckplatten, Aquatinta-Abzüge, weisse und schwarze Papierschnitte und als Prägedruck ein methodisch-formales Wechselspiel mit den schillernden Perlmuttflächen auf.

Philipp Otto Runge (1777–1810) ist einer der bedeutendsten Maler der Romantik. Der Bogen seines Schaffens spannt sich von den Tusche-Bildnissen aus dem Familienkreis des Elfjährigen zur berühmt gewordenen Farbkugel in der «Kosmologie der Farben» im Spätwerk. Als Wegbereiter der Freilichtmalerei hat Runge als einer der ersten Künstler farbige Schatten gemalt.

Christoph Holliger

Familie Runge. 1995
Gestaltung der Lichtschächte
und Korridore im Regionalen Altersheim
Widen, AG

Schimmern

Von der einfachen Überlagerung durchscheinender Konturlinien, die sich in der Kompilation zu einem Gesicht mit Kappe oder zu einem Töffrennfahrer formieren, bis hin zu den ineinander übergehenden schwebenden Farbflächen in Perlglanzpigmenten: immer wieder geht es in diesem Schaffen um, den Begriff frei und in verschiedensten Bedeutungen angewandt, Interferenzen. Die Sicht auf verschiedenartige Wellen oder auf Wellen mit verschiedenen Geschwindigkeiten, die sich übereinander geschoben und überlagert haben und sich übereinander oder ineinander bewegen, erzeugt im Auge des Betrachters den Effekt des Schimmerns und damit ein schwer fassbares, weil unstabiles Bild. Seit nunmehr 25 Jahren, seit der Darstellung der durchlässigen Schneefallgrenze und den ersten bildnerischen Versuchen, auf das Eine im Andren, auf Dieses in Jenem hinzuweisen, kreist Hugo Suters künstlerische Bemühung und Untersuchung um die Frage, wie solche Ahnung von Interferenzen und das Schimmern adäquat, das heisst: die Instabilität des Zustandes und der Beziehungen berücksichtigend, zu visualisieren wäre. Die Überlagerung auch verschiedener Sprachen, auch: verschiedener Arten von Sprachen und damit Sprachbildern: Die Funktion des Autors, schreibt Peter Waterhouse, sei es, das Durchschimmern zu erlernen, und auf die Frage, was das denn sei, die Mehrsprachigkeit und das Durchschimmern, gibt er, nachdem er festgehalten hat, dass die Sprache durch ein Mehrfaches gegangen sei, die Antwort: «Das Mehrfache und das Durchschimmern, sie sind Bilder Arkadiens.»

So könnte es sich also doch nur um Versuche der Annäherung handeln. Es gibt zwei Arten der Annäherung, die in den besten Fällen zusammenkommen. Hugo Suter geht zwar konzeptuell vor, sein Bemühen zielt aber auf die sinnlich-ästhetische Umsetzung von Bildern, deren Sinn sich nicht in intellektueller Lektüre erschöpft, deren Bestimmung sich vielmehr erst im reflektierenden Auge der Betrachtung erfüllt. So gibt es einerseits das Modell, die Versuchsanordnung, und damit das darstellende Bild (in einem wissenschaftlichen Sinn), anderseits die Umsetzung des Bildes in einen ästhetischen Gegenstand, der suggestiv eine Ahnung evoziert (im Sinne der Malerei). Und es gibt das Zusammenkommen der beiden, eh nie rein getrennt vorkommenden Ansätze oder Bilder.

Die verschiedenen Modelle mit der rollenden Kugel: In jenem Jahr 1974, da er in Seengen am See zu arbeiten beginnt, entlässt Hugo Suter eine schwimmende Halbkugel auf den See, darin ein rundes Papier, darauf eine in Tinte getränkte kleine Kugel, welche die Bewegung der Wellen als Zeichnung auf das Papier überträgt. Über zwei Jahrzehnte später dient am Elektroniklabor der Höheren Technischen Lehranstalt Brugg-Windisch Suters Idee der Versuchsanordnung für ein ähnliches, nun aber nicht mehr einfach zu lösendes Problem als Grundlage für eine hochkomplexe Semesterarbeit. Eine Glaskugel, der eine Zeichnung eingeschrieben ist, soll langsam auf einer beweglichen Tischplatte der Umrissform jener, nun in die Fläche ausgebreiteten Zeichnung nachfahren. Das Problem der Steuerung der glatten Tischplatte, durch deren Bewegung die Kugel auf ihrer unsichtbaren Bahn geleitet wird, ist nur mit einem beträchtlichen technischen Aufwand zu lösen.

Es gibt wohl kein sinnigeres Bild für die ständige Bewegung und Wirkung des Einen im Andren als die ununterbrochene Bewegung der Wellen auf dem See. Insofern war Hugo Suters Übersiedlung an den See ein glücklicher Umstand. Mit der Darstellung der ineinander übergehenden Wellen, gemalt mit irisierenden Pigmenten, ist der Künstler seinem Ideal – einem Bild, das mit seiner den Grund durchschimmern lassenden Oberfläche etwas vom Grund der Bildreflexion seines Autors mitreflektiert – nähergekommen.

Im Katalog «Die ganze Scherbe» von 1993 die modellhafte Zeichnung, im Sinne einer wissenschaftlichen Illustration, einer Rahmenform (deren Inneres hier unbeachtet bleibt), verdoppelt. Die einander gegenüberliegenden Seiten sind je bezeichnet, in der Spiegelung entsprechen sich folgende Positionen und Begriffe: unten: Oberfläche des Grundes; oben: Grund der Oberfläche; hier: Seespiegelung; dort: Spiegelseele.

Die sich vordergründig so einfach gebenden und doch so hintersinnigen Bilder: Mit Pastellkreide 1974 das Bild eines Indianers in das Muster eines abgewetzten Teppichs gezeichnet, Jahre später das Bild aus dem Teppich geklopft. Das Bild, das sich, wie die Schrift der Rauchzeichen, als Wölkchen der Atmosphäre einschreibt und sich mit der Luft verflüchtigt. In die Luft geschrieben, wie die Geschichten Gerhard Meiers. Und dann, gut zwanzig Jahre später, mit beinahe farbloser Wasserfarbe die auf einen Viertel verkleinerte Darstellung eines leicht gewellten Blattes Papier, plaziert im rechten unteren Viertel des Papiers, das herumlag und das er sich abzubilden vorgenommen hatte. Die etwas unsorgfältige Montage des Blattes mit Klebestreifen bewirkte leichte Wellen in der Vorlage, die gleichzeitig Bildgrund wurde und also umso sorgfältigere Behandlung der malerischen Probleme forderte. Die tatsächliche leichte Welle auf dem Papier, darauf, wie ein Hauch, die verkleinerte

Darstellung der leichten Welle auf dem Papier: «Mal das Naheliegendste» lautet der doppelsinnige Hinweis im Titel des Blattes von 1995, dessen umfassender Anspruch sich hinter bescheidenster Attitüde verbirgt.

Hugo Suter betreibt in seiner bildnerischen Arbeit seit dreissig Jahren eine weitverzweigte, verästelte Untersuchung, deren Ansatz prinzipielle Fragen zur Malerei und zur darstellenden Kunst aufwirft. Es ist im besten Sinne eine Untersuchung. Sie geht ihren Gegenstand aus einer konzeptuellen Distanz heraus an – Expressives hat sich der Künstler nie erlaubt, danach sucht man in dieser Arbeit vergebens –, und dennoch gelangt Hugo Suter zu Bildern, denen eine ausgesprochene Poesie eignet. Analogien zu diesem Werk, das eine sehr eigenständige und unabhängige Position in der jüngsten Geschichte der bildenden Kunst vertritt, finden wir denn auch am ehesten bei Poeten. So schreibt Gerhard Meier von der Sonne, die mit Ornamenten nach dem Nichts wirft, und vom unruhigen Spiel des Schattens auf einer Buchseite, oder vom Mondlicht, das langmütig über die Tapeten streicht, und Inger Christensen schreibt in ihrem Gedicht «Alphabet» von Zweigen, die es gibt, und dem Wind, der sie anhebt, und von der Zeichnung der Zweige und dass sich die Zeichnung der Zweige im Kies des Gartenwegs wiederholt. Und Peter Waterhouse spricht über das Schimmern und über die Landschaft, die sich erinnert, und Clarice Lispector vom Gesichtspunkt am äussersten Ende des Blickes.

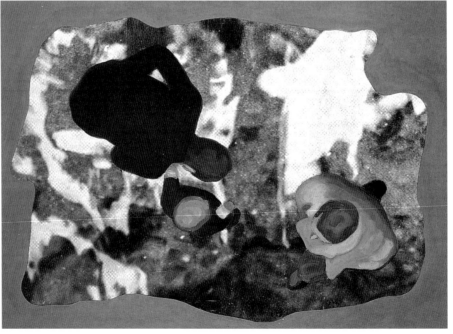

Lache. 1991
Acrylfarbe, Nitrolack und Farbstoff
«Pintasol» auf Holz
2-teilig
je 31×44 cm

Lachenerleuchteter I. 1991
Acrylfarbe, Nitrolack und Farbstoff
«Pintasol» auf Holz
55×77,5 cm

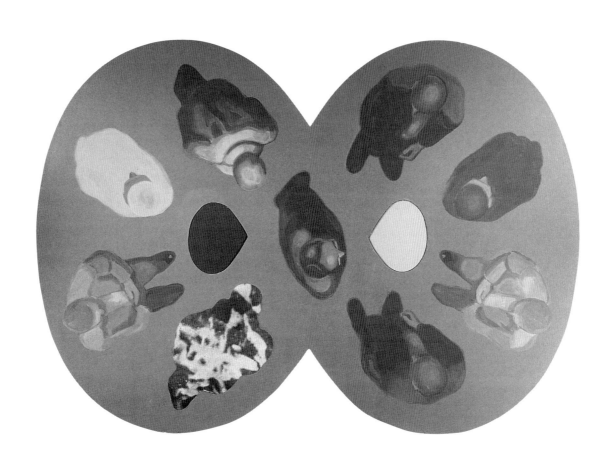

Sonntag in Seon. 1993
4-teilig
Acryl auf Holz
54×289 cm

Grosser Lachenplan. 1991
Acrylfarbe, Nitrolack, Farbstoff «Pintasol»,
Perlglanzpigmente und Flüssigkristalle
auf Holz
260×336 cm

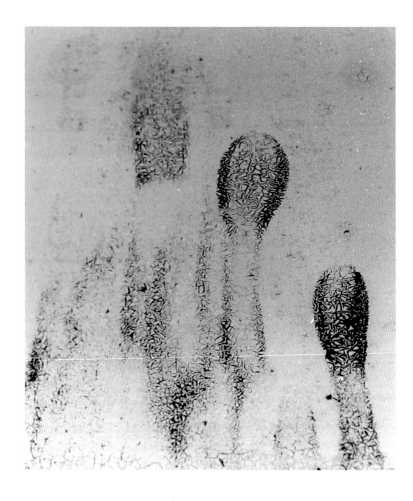

Tiefe und Glanz. 1993/96
2 Flusskiesel mit polierten Schnittflächen
16,5×34×8 cm
(2 Lichtsituationen)

Erblindender Spiegel. 1992
Papiervergrösserung schwarz/weiss
15×12,8 cm

Abtrocknende Lache I. 1991
Acrylfarbe auf Holz
55×100 cm

Abtrocknende Lache II. 1991
Acrylfarbe auf Holz
55×100 cm

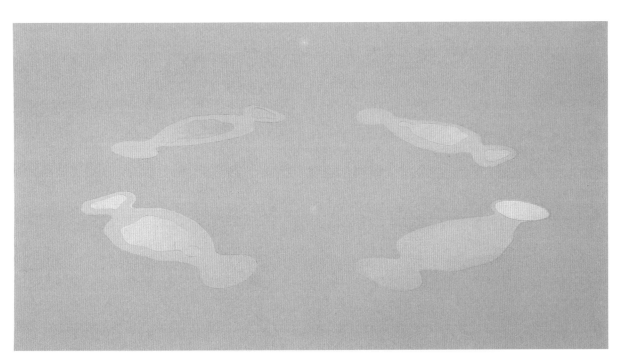

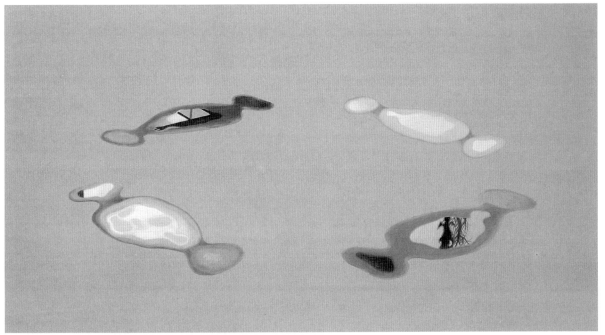

See der Balkon

Theo Kneubühler

Man stelle sich eine Pyramide vor. Ein Zylinder ist zu entwerfen. Gegeben sei ein Dreieck oder ein Kreis. Vergiss die Jadewelle nicht, ihre Neigung.

Ich beginne im Tagebuch mit dem, was vorher begonnen hat.

Man möchte den See sagen, den man sieht, ein unablässiges Wasser, ein bewegtes Volumen ins Bett gebettet, mit Zuflüssen, Abflüssen, mit Strömungen, mit Wind und Spiegelungen. Man sagt dem See seine Festigkeit, seine Klarheit und seinen Fluss, seine Feststellbarkeit und seine Nichtfeststellbarkeit. Man geht am See entlang, man schaut in den See, man hört ihn, man steigt in den See, man sagt See, ihr, ich fühl, ich denk euer Wasser, man steigt aus dem See, man sagt See, du dort, ganz nahe. Der See kennt keine Halbheiten. Und man sieht ihn dort. Es ist vorerst ein bestimmter Zustand unserer, der weiss. Gegeben sei ein Kreis und ein Dreieck. Vergiss…

Ich möchte, was ich sage, nicht unterteilen, keine Sätze, keine Absätze, sie sind Dinge, ihre Grenzen. Ich geh am See entlang. Ich seh die Oberfläche. Ich denk an Glas, ich denk an Haut. Ich berühr meine Wange, ich kratze am Bart. Ich denk an Glas, ich setze Glas, ich behaupte Glas, ich vergleiche. Die Haut ist weich. Das Wasser ist weich. Ich fühl die Knochen. Ich schau durchs Wasser. Man schaut noch durchs Glas.

Ich erheb mich vom Stuhl, lege den Bleistift aufs Blatt, wende mich und geh zur Tür, unterwegs schau ich durch die Tür: der Balkon, das Ried dort, der flechtende Zaun der Bäume, durch ihn hindurch blinkt der See, Splitter. Ich steh an der Tür, ich berühr die Tür, sie ist kühl, sie ist Glas, hochformatig. Wie siehst du den See? Du sagst, der See sei dir Spiegel, sei dein Fisch, dein Netz. Du sagst, du seist wie Wasser. Ich schau dir ins Gesicht, ich seh die Haut, die Augen, sie sind braun mit einem Stich ins Grüne. Ich schau wieder zum See, ich stell mir vor, wie er gestern war, wie er war, als er vor allem See war, im Sommer vor dem Gewitter, mit starken Wellen, gefährlichen grauen Wellen, lehmigem Grau mit einem Stich ins Gelb. Jene, die mit dem Kopf im Suppenteller schlafen. Ich mach einen Weg im Kopf und berühr zugleich die Glastür, durch die der Weg zum See sich zeigt: der Balkon, die Riedwiese, der flechtende Zaun der Bäume, durch ihn hindurch die knapp gleissenden Splitter, der Raum. Ich könnte die Tür öffnen, raustreten, zum See gehen. Etwas vom Glas, das nicht Glas ist, nähme ich mit. Ich lege Wege zurück, die mein Körper jetzt nicht geht. Ich entfern mich vom See. Man sieht Glas. Man stelle sich eine Ellipse vor. Dabei fällt das Sehen der Vorstellung mit dem des Auges zusammen. Man nennt das den Verstand.

Wenn ich das Wort *Modell* lese oder höre, schau ich innerlich blitzschnell, noch schneller, ich hab mich dabei oft beobachtet, auf eine Art chemisches Analysemodell, ein «Atomium». Ich betracht es von aussen, seh es gesamthaft, vertiefe mich nicht in Einzelheiten. Ich seh ein Ganzes als Einheit von Gefühl und Begriff, so wie man das Bild der Kuh von dem des Pferdes unterscheidet, um blitzschnell eine ganze Welt zu bilden, meine Welt der Kuh, meine Welt des Pferdes. Wenn das Wort *Struktur* auftaucht, sehe ich ein ähnliches Modell, wobei ich aber meine Einstellung ändere und auf die Einzelteile des Analysemodells schaue, um zu sehen, wie sie sich zueinander verhalten, wie sie zusammengesetzt sind, was sich daran wiederholt. Ich suche Regeln und Gesetzmässigkeiten. Den Begriff *Modell* sehe ich als Synthese (also wie von aussen, von weither). Den Begriff *Struktur* sehe ich als Analyse (von innen und nah) *und* Synthese (Neuzusammensetzung bis die Sache draussen, nun aber eher weggerückt, wieder ganz ist). Diese inneren Vorgänge sind so schnell, dass ich sie, wenn ich mich nicht besonders konzentriere, kaum beachte. Sie scheinen Gewohnheiten zu sein.

Ich schau durchs Fenster über die Strasse zum Fenster des Wohnzimmers des anderen Hauses. Ich fühl das Glas, geh hinein, das Herz klopft. Das Glas mit seinen inneren Ober- flächen. An der Wand das Bild eines Mannes, ich bin in seinen Augen, sie sind blau, helles, ein bisschen starres Blau in dunkleren Schattenfeldern. Ist es Sebastian? Ist's der Vater? Oder ist's, merkwürdig, auch die Mutter? Ich geh mit dem in mir um, über das keiner Gewalt hat.

Am See entlang gehen. Man liegt. Ich liege und geh am ganzen See entlang. Er hat den Umriss ähnlich wie ein Schlüsselloch bei alten Türen, fast ein Kreis, der in eine Ellipse über- geht, die nicht ganz eine Ellipse ist. Ich liege und schau darauf, ich schau auf den ganzen See. Er ist auf bestimmte Weise bewegt. Wenn ich ihn betrachte, wird ein Teil scharf wie im Feldstecher, die anderen Teile wellen wie Bänder im Wind oder sie zappeln wie Kinder, die etwas wollen. Ich schein den See mit mir herumzutragen. Ich schein ihn als Summe von tausend Wanderungen, Bootsfahrten, Fischereien, Überflügen, Autofahrten, Schwimm-gängen, Kartenblicken, Bildbetrachtungen, Erzählungen mit mir herumzutragen. Ich schau auf die Oberfläche, fühl eine unbestimmte Tiefe der Oberfläche, da beginnt eine andere Wahrnehmung. Der See und seine inneren Oberflächen. Ich liege, ich empfind die Höhlungen, Vakuolen, Nischen meines liegenden Körpers. Es ist *wie* wenn man von aussen in eine Grotte oder Höhle schaut, im Grad da das Sichtbare abnimmt, es ist ein weicher Übergang, wächst die Empfindung für meinen Körper. Ich komme mit dem Blick langsam in die Höhle, ich werde durch die abnehmende Sichtbarkeit geführt, ein gleitender Übergang ohne Grenzlinie, und bin schliesslich im Aussen des Innern. Wo ist das? Ich liege, ich *fühl,* dass ich liege. Eher eine Ellipse als ein Kreis, und eine Mischung von beidem, auch körperlich wie eine Beule, die nicht geometrisierbar ist. Ich geh mit dem in mir um, über das keiner Gewalt hat. Die Übergänge vom Sichtbaren in die Vorstellung, vom Verstand ins Bild, vom Bild ins Wort, von Tatsachen zu Ideen, von Ideen zu sinnlich Feststellbarem. Wir erschaffen uns. Jene, die mit dem Kopf im Fleisch-Teller schlafen. Da kann für jeden alles verschieden sein, obwohl die Form des Vorganges für alle gleich ist. Der Spiegel, der sehen lässt, was uns bereits beherrscht, auch wenn der Anschein dies nicht ahnen lässt. Wie entsteht aber das sehend gesehene Sichtbare, wenn es nicht durch eine Form, ein Muster schon bestimmt ist, wenn also sein Verhältnis zum Bewusstsein wieder zur Frage wird? Ist das überhaupt möglich? Für den Einzelnen ist da etwas Unverwechselbares, etwas Bestimmtes. Es wird nie Sprache.

Da, wo die Sprache nicht hin kann, sind die Sebastian-Bilder alle in mittlerem Grau, nach-sprachliches Erscheinungsgrau, eine Art Bild-Nein wie eine Statistik. Die Blicke, die in die Bilder einzudringen versuchen. Dieses Grau ist unverletzbar. Sebastian aber ist durch-bohrt. Das Bild-Nein ist mein Ja. Vergiss die Jadewelle nicht. Mein Blick durchbohrt mich. Sebastian oder die stets ganze Seele des Bogens. Das Bild macht den Schmerz nicht fühlbar. Es scheint weg zu sein, narkotisiert, ja immun. Die Haut des mittleren Grau. Das Bild scheint etwas zu wissen, was eher die Kraft als die Gleichgültigkeit hat, den Schmerz in etwas ganz Anderes zu verwandeln. Was weiss es nur? Sebastians Körper seufzt.

Da ist auch Du als etwas Drittes zwischen mir und dem Bild, die Einräumung einer anspre-chenden Lücke, die Vorsehung eines öffnenden Sprunges oder die Kalkulation einer statistisch unwahrscheinlich oder wahrscheinlichen Reaktion, also auch ein narrativer Ablauf, eine sogenannte Erfahrung, oder alles das zusammen oder Teile davon unterschiedlich gemischt. Das wird dann Form genannt. Zwischen mir und dir ist die Form. Was du da liest, ist vorerst einmal Form. Form kann Spiegel, also Identifikation sein, sie kann auch Glas, also Durchsicht sein. Manchmal kann der Spiegel *wie* die Durchsicht sein, wenn man ihn in die Äste der Bäume legt, kann er den Himmel spiegeln, helles Loch im Wald, Bildloch, Bildlücke, Bildsprung oder die *Identifikation mit der Durchsicht,* also wird man selber zur Lücke, was nicht stimmen kann, dahinter sind ja die Äste und Stämme. Oder ist das der Anfang einer *Spannung* der Form zwischen Identifikation und Durchsicht, zwischen Fülle und Leere, zwischen Nähe und Abstand? So etwas wie ein bewegliches Sieb, dessen Netz zusammen mit den Löchern je nach Situation, also zusammen mit dem, was hindurch- geht und mit dem, was darinbleibt, komplexe Figuren bilden können, die Sowohl-entweder- als-auch-oder darzustellen vermögen, alles das, was sich auszuschliessen scheint, also die kommunizierenden Unverträglichkeiten? Eine Art darüberhinaus gehendes Mischwesen, das sagt, im Augenblick, da die Form von mir zu dir geht ist Ich, der sieht, auch von dir gesehen, was ich auch sehe, wenn auch anders als das erste Sehen, so als wäre die Form gleichzeitig mein Subjekt in deinem Objekt als auch dein Subjekt in meinem Objekt, also diese Unauflösbarkeit, die das Bild zum Bild macht. Das könnte dann auch wieder der See sein, der zugleich fest und flüssig ist, untrennbar. Er wird nie Sprache, obwohl die Sprache genau das *ausdrückt.* Erinnerst du dich an Sebastian oder die stets ganze Seele des Bogens? Was weiss das Bild nur? Ist Wissen das richtige Wort? Die Frage ans Modell, also die Frage an die Idee in der Nähe des Bildes, ob es wissend durch genügend Ungewissheiten geht, damit es da werden kann, wo wir uns schaffen. Wir erschaffen uns, da wo sie sind.

Und noch einmal die Frage, wie entsteht das sehend-gesehene Sichtbare, wenn es nicht durch die Form, ein Muster schon bestimmt ist, wenn also sein Verhältnis zum Bewusstsein zur Frage wird. Man kann sagen, die Frage sei falsch gestellt, weil sie mit dem *sehend- gesehenen Sichtbaren* voraussetzt, was sie zugleich mit *wenn es nicht durch eine Form, ein Muster schon bestimmt ist* wieder aufhebt. Also muss man sagen, wie entsteht Form, die zugleich Identifikation und Durchsicht ist, Sehen und sein Auflösen, Festhalten und sein Auflösen, näher noch, Festhalten im sehenden Auflösen.

Der See gefriert gleichzeitig anders als sein Eis schmilzt.

Wir erschaffen uns, da wo sie sind, und ich weiss zumeist deinen Namen, wenn ich dich seh.

Lass mich hier eine Pause machen, ich will mir vorstellen, was wirklich geschieht, wenn ich schaue.

Was du schaffst, zerstört dich während des Schaffens zum Zerstörenden, den oder das du so schaffst, dass das Zerstörte zu dem wird (da wär die Pause) was es erneut zerstören kann.

Das Bild, das bald, aber nicht zu schnell, mehrere Schatten wirft.

Bis man merkt, dass man viel umfassender über das Bild spricht als es ist. Aber genau das ist es. (Wobei hier mindestens zwei verschiedene *ist* auftauchen, die kaum zusammen denkbar sind, vor allem dann nicht, wenn der Unterschied im Verb *sein* scheinbar aufgehoben wird.)

Aber vorher ist da die Mutter, die im Vater wohnt. Er hat blaue, ein bisschen starre Augen, sie braune mit einem Stich ins Grüne. Eine Landschaft mit Wiesen, Wald und See. Sie ist das Kind. Es sagt nichts. Und dann ist da noch der Fremde, der von jeder Familie immer Erwartete, auch wenn er anwesend ist, vor allem dann wenn er anwesend ist. Ich glaube das ist Sehen.

Hügel, überall Hügel.

Lass mich warten. Der Balkon ist noch zu nass.

Man wird gerne unsicher, vielleicht erschrickt man sogar, wenn man das *fühlt,* was die ureigene Vorstellung zu sein scheint, die ja hin und wieder unverwechselbar, wenn auch leicht anders gefärbt, auftaucht.

Die kleinsten Raumquanten, einige Weltteile, der Figureninhalt im selben Atem, was in den grösseren Raum führt.

Und die Fähigkeit, mein Erschrecken auf dein Erschrecken beziehen zu können. Da, wo du bist, geschieht etwas Ähnliches. Und wenn ich nun diesen Fremden vielleicht nicht zu sehen, eher vorzustellen versuche. Möglicherweise seh ich ihn dann. Wie ist *diese Art* des Sehens beschaffen?

So etwas wie ein Wesen bilden. Ich weiss nicht, wie das geht. Aber ich seh's, wenn's gelingt, obwohl sehen in diesem Fall nicht das richtige Wort ist.

Die Kraft, die hinausfallen lässt, der Eigensinn des Wirklichen, die Kraft des Anderen, du. Zugleich fall ich herein.

Brennende Scheu. Schneisen quer durch den Kopf. Eine Absprache unter Wasser.

Kennt Dauer, was trennt.

Was dann vielleicht wie ein Kentauer aussieht, der sich vorstellt, was er sieht, ist die Empfindung dieser Skulptur, die das Bild *am* Körper zeigt. Keim des Endlosen. Weitester Raum.

Und da die Spiegel und das Spiegelbrechen. Ein Wald, ein Bild-Schirm, alles scheint Wald zu sein, auch die Schneisen, Leerstellen, Wiesen, ein Innen, das aussen ist. Jede Sekunde, die kleinste Zeiteinheit ist voll von glühenden Doppelpunkten, nassen Klammern, viel zu schnellen Kursiven, in ihrer widerstehenden Festigkeit unverständlichen Versalien. Das Gefühl hinaufzuschwingen wie auf einer Schaukel, diese stärkste Empfindung, leicht weg, wie durchs Fenster. Dann auch wieder unten durch, so dass die Spiegel brechen, und jedes Hinaufschwingen, es zieht, zieht höher, als flöge ich durch jedes Fenster, setzt sie wieder zusammen, wenn auch anders. Ich schau mir viel langsamer zu, weil diese Wirklichkeiten es fordern.

Jene, die den Kopf im Dessert-Teller mit grossen Augen schlafen.

Du lächelst *wie* aus ziemlich grosser Entfernung. Hinten die Hügel, dann die Berge mit dem Himmel darüber, der sich immer schon nähert, wie sich das Gewitter nähert oder die grosse Öffnung des Ostwindwetters. Auf den Balkon schauen, auf den breitformatigen Bild-Schirm, wo die Sachen anders berührbar sind als man sie sieht. Der Figureninhalt im gleichen Atem. Waldhafter Speicher. Pneumatische Schaukel. Du sagst, eine Art gleitendes Drinnenhalten, alles gleichzeitig, um im kristallinen Augenblick darüberhinaus schwingen zu können. Du stehst auf dem Balkon. Ich sitze da, wo ich am Anfang schon gesessen bin, unterbrochen von Einkäufen und anderen unerlässlichen Besorgungen. Ich bin wortkarg, schein mich steif zu verhalten, trage die dunklere Brille. Die Scheu nicht veraschen lassen, ich fühl sie in jedem Knochen, in jedem Wimpernhaar. Der Ellbogen, der Rücken und die Ferse, ich muss mich bewegen, wenn ich mich zerreissen will und doch auch zugleich zurücklehnen. Ich betrachten die Hand des Verkäufers, die das Kleingeld zurückgibt, sie ist blond, ziemlich feingliedrig, innen eine einzige starke dunkle Falte wie ein Kanal quer-durch, ein schnelles Scharnier, das im Augenblick, da er die Hand streckt, um das Geld in meine Hand gleiten zu lassen, verschwindet. Am Tellerrand neben dem Daumen eine kleine Hautwulst mit einer helleren Linie, äderndes Licht einer Negativfoto, was wie eine Narbe aussieht. Später erinnere ich mich, dass ich die Falte in der Hand von beiden Seiten her las, so wie man beim Lesen von links nach rechts und schneller von rechts nach links geht, um wieder langsamer von links nach rechts zu gehen. Ein Zeichenteil, den man zu beachten scheint, und ein Bildteil, den man kaum zu beachten scheint. Geometrie des Bodens. Du stehst da, du stehst leicht auf dem Balkon. Rechtecke, die Rauten suchen, die sich in immer kleinere Dreiecke teilen, um sich zu Kreisen auszudehnen wie holpernd gleitende Wasserkreise, unermüdlich. Morphologie des Atems. Der schattengrüne Nadelbaum knapp neben der Mitte, er wirkt weich und leicht wie die körperwarme Dunkelheit einer Früh-sommernacht. Bei den Wasserkreisen stehst du, wissend, leicht, dauernd wie eine fragile gotische Skulptur, die die Kraft ihres Gewichtes in Gesten verwandelt, die den Raum ins Licht der Bedeutung tauchen. Die Hand aus dem Mantel, sie scheint sich zugleich daran zu halten, weist beiläufig rund, wie in einer schwachen Strömung liegend, hinüber zum Wegfeld. Also doch was abstrahlt, eigentlich nachher nach dem Erfüllen des Masses, das Einliegende, jenes wirklich mehrfach und zugleich im Einlassen Durchsickernde, das auch sintern kann, als wäre man stets ewig und klar nur Welt, die man im Halten mehrfach entlässt. Ein Satz, der noch hinüber wartet. Die Augen strömen in den Leib, wo Sebastian steht, ein Baum steht, Birken stehen so, weisshäutig rindend, im Schatten blätternd, wo die weit auseinander liegenden Äste den Stamm verlassen, die Pfeile der Blicke, da ist ein anderes Wissen. Des Mannes Vase ist Wunde vom Grund weg, während er seinen Kopf in sich weiss, was hellhäutig ist wie Venenlicht. Rundum ist nichts. Der Blick fehlt im Auge. Schmerz, der zuäusserst spürlos wird. An dieser Stellen geschieht etwas, etwas Möwenkühles oben in der Öffnung des Ostwindwetters, es, das nach unten zu lesen ist. Der alte Mann mit den blauen Augen, ein Stich ins Braune, steht unmittelbar darin. Er ist Haut und Knochen, gebräunte Haut, ausgesetzte Haut, er steht mit Spiel- und Standbein, er steht mehrfach. Er scheint Grund zu haben. Der Glaube ist behaarter Leib. Knapp neben der Mitte um den schattengrünen Nadelbaum herum, wo die kleine weisse Jadewelle ist, die sich langsam übers Rechteck schiebt, spielen Kinder, sie sind viel zu klein. Links verlässt eine Gestalt mit dunkler Brille und Kopftuch ständig den Rand, blicklos dem Boden zugewendet. Oder kommt sie herein, ist sie von links nach rechts zu lesen? Die Absprache unter Wasser. Wahrheit bleibt einfach. Wo der See beginnt wie ein helles Tuch von innen beatmet. Dahinter die grün laufenden Hügel, ein Dauerwellen das den Blick hebt und senkt, die Schule. Wie beend ich das? Ich such den Schnee. Wenn ich da lese und wieder lese und Wörter mitlese, die gar nicht dastehen, weiss ich, dass da nicht ganz das Falsche steht. Also schein ich den Text beenden zu können. Kann auch sein, dass man in einer Baum- oder Gebüschgruppe je nach Lichtquanten, Vorgeschichte, Stempelung und Vasenbereitschaft einige Augenblicke lang einen Kentauer sieht, ganz abgesehen von all den anderen Figureninhalten. Wie komm ich zu den letzten Sätzen, nachdem ich mich zerrissen habe, um zu binden. Die kleine weisse Jadewelle, die sich über jede Geometrie schiebt, sie trägt knapp neben der Mitte den Einstich einer Nadel, die vor vielen Jahren, ja Jahrzehnten, vielleicht sogar Jahrhunderten herausgezogen worden ist. Der Blick fehlt im Auge, schau doch, wo die Wörter beginnen. Der Nadelbaum, die Kinder, die Narbe am Daumen. Heller Spitzentanz auf der Schaufel, das Ruder, eine Art Venenlicht, das die Scheu nicht veraschen lässt.

Ich hab wieder im Tagebuch begonnen. Es hat zu schneien begonnen, was früher nachformt. Man liest von oben nach unten. Der See ist wirklich drinnen. Also schau ich hinaus. Ich muss es zweimal sagen, ich schau hinaus, in die pausenlosen Bilder. Das ist kein letzter Satz. Ich erreiche das Tagebuch.

Bei der Schiffstation lehnt ein Mann am Geländer und schaut
ins Wasser.

Seine Haltung lässt etwas von Abwesenheit, Gelangweiltheit
und Selbstvergessenheit erahnen.
Was sieht er, wenn er nichts sucht und nichts beobachtet,
sondern selbstvergessen schaut.

Um Modelle zum selbstvergessenen Schauen zu entwickeln,
braucht es die mit Bewusstheit ausgestatteten Beobachtungen
an Empfindungsvorgängen. Der Weg zu den Teilchen ist
die unabdingbare Voraussetzung, um Genaueres vom Ganzen
zu erfahren.

Selbstvergessen Schauenden betrachten.
1989/90
Holz, Eisenblech, Beton, Stein
Aufstellung mit den Abmessungen
160×160 cm,
durchschnittliche Höhe 88 cm

Biografie

Geboren am 12.8.1943 in Aarau
Aufgewachsen in Gränichen
Lebt in Birrwil (AG)

1959–63 Lehre als Tiefdruckretoucheur
       in Zofingen
1964–66 Kunstgewerbeschule Zürich
1968–82 Teilpensum als Zeichenlehrer an der
       Bezirksschule Buchs (AG)
1968–74 Mitglied der Ateliergemeinschaft
       Ziegelrain in Aarau
1972 Eidgenössisches Kunststipendium
1973 Preis für Objektkunst (anlässlich der
       1. Biennale der Schweizer Kunst,
       Kunsthaus Zürich)
1982–86 Lehrauftrag für Figürliches Zeichnen
       an der ETH Zürich
1982–88 Atelier in Beinwil am See
1988–93 Atelier in Seon
1990 Auszeichnung mit dem Atatürk-Preis
       (anlässlich der 3. Asien-Europa Biennale
       in Ankara)
seit 1993 Atelier und Wohnung in Birrwil

Hugo Suter und Beat Wismer, 1997

Bibliografie

Monografische Kataloge und Beiträge
in Katalogen und Anthologien

H.S. (Zeichnungen), in: «Sondern», Jahrbuch für
Texte und Bilder, hrsg. von Dieter Schwarz,
Seedorn-Verlag, Zürich, Nr. 4/1979
H.S.: «Schwammtaucher», Hediger Schriften,
Buchs 1980
H.S., in: «Schweizer Kunst '70–'80», Ausst.-Kat.,
Kunstmuseum Luzern, Luzern 1981
H.S., in: «Der blaue Berg», Nr. 9, Juni 1981,
Verlag DER BLAUE BERG Bern
H.S.: «Tangenten», Ausst.-Kat., Städtische
Galerie zum Strauhof, Zürich 1982
H.S., Ausst.-Kat., Aargauer Kunsthaus
Aarau, 1982
H.S., Ausst.-Kat., Galerie Anton Meier,
Genf, 1983
H.S., Ausst.-Kat., Galerie Anton Meier,
Genf, 1985
H.S., Ausst.-Kat., Kunsthaus Zürich,
Edition Stähli, Zürich 1988
H. S., Ausst.-Kat., Galerie Anton Meier,
Genf, 1988
«Texte aus dem Aargau», Fotographiken,
Aargauische Kantonalbank, 1989
H. S. / Rolf Winnewisser: «A Wheel in a Wheel»,
Ausst.-Kat., Swiss Institute, New York 1992
H.S.: in: «Des dessins – pour les élèves du centre
des deux thielles, Le Landeron 1992
H.S.: «Die ganze Scherbe», Ausst.-Kat., Kunst-
halle Winterthur, 1993
Peter K. Wehrli / H.S.: «Schweizer Katalog»,
Edition Howeg, Zürich 1996
H.S.: «Das Eine im Andren», Ausst.-Kat.,
Aargauer Kunsthaus, Aarau 1997

Texte über H.S.

Theo Kneubühler: H.S., in: «Kunst: 28 Schwei-
zer», Edition Galerie Raeber, Luzern 1972
Theo Kneubühler: H.S., in «Aargauer Almanach
auf das Jahr 1975», Aarau 1974
Jean-Christophe Ammann: H.S., in: «Mentalität:
Zeichnung», Ausst.-Kat., Kunstmuseum
Luzern 1976
Heiny Widmer: Der kreative Prozess, in: «der
kreative prozess», trigon 77, Katalog 2, Steirischer
Herbst 1977, Graz 1977 (gekürzter Abdruck eines
Vortrages, gehalten am Kongress europäischer
Kunsthausdirektoren)
Theo Kneubühler und H.S.: Gespräch, in: Ausst.-
Kat., Aargauer Kunsthaus, Aarau 1982

Beat Wismer: H.S., in: ders. / Paul André Jaccard:
«Werke des 20. Jahrhunderts. Von Cuno Amiet
bis heute», Aargauer Kunsthaus Aarau, Samm-
lungskatalog Band 2, Aarau 1983
Roman Hollenstein: H.S., in: «Kunstmuseum
Olten», Sammlungskatalog, Olten 1983
Patrick Frey: H.S., in: Ausst.-Kat., Galerie Anton
Meier, Genf 1983
Werner Meier, Ansprache an der Vernissage der
Glasbilderfolge am Steinmannhaus, Alte
Kantonsschule Aarau, in: «Jahresbericht Alte
Kantonsschule Aarau», 1984/85
Max Wechsler: H.S., in: Ausst.-Kat., Galerie Anton
Meier, Genf 1985
Peter Killer: H.S., in: «das kunstwerk»,
Nr. 4–5/1986
Max Wechsler: H.S., in: «Artforum»,
November 1988
Peter Killer: H.S., in: «Zehn von vierhundert-
vierzig», Kunstsammlung der Bank Julius Bär,
Zürich 1990
Marianne Baltensberger: H.S., in: «Junge Schwei-
zer Kunst 1960–1990, Sammlung der Gotthard
Bank», Zürich 1992
Stephan Kunz: H.S. – Der Schatten des Bildes,
in: Albert Reichmuth: «Hommage au vin»,
24. Ausgabe /1991/92
Peter Killer: H.S., in: «Kunstmuseum Olten:
Ankäufe, Schenkungen, Dauerleihgaben
1983–1992», Sammlungskatalog,
Kunstmuseum Olten, Olten 1992
Georges Guggenheim: Die unsichtbare Grenze
betonen – Gespräch mit H.S., in «Metall 5»,
Mitteilungsblatt der Schweizerische Metall-
Union, 15.5.95

Allgemeine Publikationen und Texte
mit Beiträgen über H.S.

Leonardo Bezzola: Künstlergruppe Aarau, in:
«WERK», Nr. 10/72, Zürich 1972
Willem Sandberg «'73–'74. An Annual of New Art
and Artists», Amsterdam 1974
«Aktionen Blumenhalde», Aarau 1976
Heiny Widmer «Künstler aus der Schweiz. –
10 Situationen. Ein Album», Institut für moderne
Kunst, Nürnberg 1983
Hans-Jörg Heusser: Kunst in der Schweiz
1945–1980, in: ders. / Hans A. Lüthy: «Kunst in
der Schweiz 1890–1980», Zürich 1983
Marie-Louise Lienhard: Das faltbare Bild, in:
«Tagesanzeiger Magazin», Nr. 38 / 22. Sept. 1984
Beat Stutzer: «16 Schweizer Künstler mit Druck-
graphik der 80er Jahre», Bündner Kunstmuseum,
Chur 1987

Peter Frank: Line and Image: The Northern
Sensibility in Recent European Drawing, Indepen-
dent Curators Incorporated, Ausst.-Kat.,
New York 1987
57, Jubiläumskatalog der Galerie 57,
Silvia Steiner, Biel 1987
Beat Wismer: und in den schönen Wolfischen
Aussichten sieht man das in einem Nebel
aufgelöste Wasser des Stromes, in: «in Nebel
aufgelöste Wasser des Stromes – Hommage
à Caspar Wolf», Ausst.-Kat., Aargauer Kunst-
haus, Aarau 1991
Fonds de décoration et d'art visuel de l'état de
Genève 1988–1992, Genf 1993
Hans Anliker / Stephan Kunz, «Allmende – Kunst
im öffentlichen Raum im Aargau seit 1970»,
Aarau 1994
Urs Stahel: in «Bilderzauber», Ausst.-Kat., im
Fotomuseum Winterthur, Winterthur 1996
Hans-Ulrich Obrist, «do it», The Reykjavik Munici-
pal Art Museum, mars-mai 1996
Max Müller (Hrsg.): «Besondere Räume»,
Begleitpublikation zu einer Veranstaltungsreihe
des BSA, Ortsgruppe Zürich, Baden 1996

Editionen

«El Motivo», Handabzüge von Gusseisen- und
Zinkclichés aus einer ehemaligen Zigarrenfabrik,
(Zusammenarbeit mit Hansjörg Keller und
Martin Röthlin), 20 Ex. sign. und numeriert,
Beinwil am See 1984
«Hommage à F.A. Forel», Siebdrucke (mit drei
Klappbildern und Tasche von Mariann Suter),
35 Ex. sign. und numeriert, mit je einem Original,
Edition Galerie Camille von Scholz, Brüssel 1992

Film

«Daumendrehender Maler», Videofilm von
Heinz Frutiger, Bernhard Lehner, Charles Moser
(Text: Beat Wismer), Aarau 1988

Einzelausstellungen

1972 Galerie Lock, St.Gallen (mit Josef Herzog)
1977 Galerie Elisabeth Kaufmann, Basel
1980 Galerie Severina Teucher, Zürich
1982 Aargauer Kunsthaus (Katalog)
      «Tangenten», Städt. Galerie zum Strauhof, Zürich (Katalog)
      Raum für aktuelle Kunst, Luzern (mit Charles Moser)
1983 «Der gläserne Bilderzaun», Graphische Sammlung der ETH, Zürich
      Galerie Anton Meier, Genf (Katalog)
1984 Galerie Stähli, Zürich
1985 Galerie Anton Meier, Genf (Katalog)
      Galerie Silvia Steiner (mit Josef Herzog und Christian Rothacher)
1986 «Modelle zum selbstvergessenen Schauen», Galerie Stähli, Zürich
1987 Galerie Camille von Scholz, Brüssel (mit Peter Rösch)
      Galerie D'eendt, Amsterdam (mit Peter Rösch)
1988 Kunsthaus Zürich (Katalog)
      Galerie Anton Meier, Genf (Katalog)
1990 Galerie Stähli, Zürich
      3. Asien-Europa Biennale in Ankara, Vertreter der Schweiz (Auszeichnung)
1991 Galerie Anton Meier, Genf
      «Kunst, Europa» Kunstverein Herford (D) (Katalog)
1992 Swiss Institute, New York (mit Rolf Winnewisser) (Katalog)
      Galerie Camille von Scholz, Brüssel (Buch-Edition)
1993 Kunsthalle Winterthur (Katalog)
1994 Galerie Stähli, Zürich
      Galerie Anton Meier, Genf
      Galerie Elisabeth Staffelbach, Lenzburg (mit Anton Flury)
1996 Galerie Stähli, Zürich
1997 Aargauer Kunsthaus Aarau (Katalog)

Gruppenausstellungen

1971 «Swiss Avant-Garde», Cultural Center, New York (Katalog)
      «10 Aargauer Künstler», Stadttheater St. Gallen (Katalog)
1972 «Giovane Arte Svizzera», Rotonda Via Besana, Milano / Kunstmuseum Olten (Katalog)
      «Profile X – Schweizer Kunst heute», Städtisches Museum Bochum (Katalog)
      «Karikaturen – Karikaturen?», Kunsthaus Zürich (Katalog)
      «10 Aargauer Künstler», Städt. Galerie Strauhof, Zürich
1973 «12 Aargauer», Kunstforum Rottweil / Kunstverein Biel
      «Ziegelrain Aarau», Kunstverein Biel
      «Stadt in der Schweiz – 1. Biennale der Schweizer Kunst», Kunsthaus Zürich (Katalog)
      «Kunstmacher '73», Museum zu Allerheiligen, Schaffhausen (Katalog)
1974 «Ambiente '74», Kunstmuseum Winterthur (Wanderausstellung), (Katalog)
      Gemeindegalerie Emmen (mit Josef Herzog und Ernst Buchwalder)
      «Junge Aargauer Kunst», Wanderausstellung unter dem Patronat des Aargauischen Kunstvereins 1975/76 (Katalog)
      «6 Räume», Fabrikgebäude Bottmingerstrasse 64, Basel (Katalog)
1976 «Biennale Venedig»
      «Mentalität: Zeichnung», Kunstmuseum Luzern (Katalog)
1977 «Eine Schweizer Kulturlandschaft stellt sich vor», Museumsstift Trier (Katalog)
1978 «Aktualität Vergangenheit – 3. Biennale der Schweizer Kunst», Kunstmuseum Winterthur (Katalog)
1979 «15 Zwitsers», Fundatie Kunsthuis Amsterdam (Katalog)
      «Kunst auf dem Wasser», Kunsthaus Zug (Katalog)
1980 «Schweizer Museen sammeln aktuelle Schweizer Kunst», Kunsthaus Zürich und Musée des Beaux-Arts, Lausanne (Katalog)
      «7. Schweizer Plastikausstellung Biel» (Katalog)

1981 «Schweizer Kunst '70 – '80», Kunstmuseum Luzern (Katalog)
      «30 Künstler aus der Schweiz», Galerie Krinzinger, Innsbruck / Frankfurter Kunstverein / Galerie Nächst St. Stephan, Wien / Kunsthaus Zug (Katalog)
      «Schweizer Zeichnungen 1970 – 1980» (Wanderausstellung Genf, Tel Aviv, Athen, Ulm, Brüssel, Toulon, Chur, Aarau) (Katalog)
1983 «Künstler aus der Schweiz. – 10 Situationen.» Institut für Moderne Kunst, Nürnberg (Katalog)
      «Aquarelle in unserem Jahrhundert», Kunsthaus Zug (Katalog)
1984 / 85 «Blüten des Eigensinns», Kunstverein München / Künstlerhaus Bethanien, Berlin (Katalog)
1985 «5. Biennale der Schweizer Kunst», Kunstmuseum Olten (Katalog)
1987 «Offenes Ende – Junge Schweizer Kunst», Nürnberg (Katalog)
1989 «Diesen Augenblick erblickt ihr Auge nur einmal. Metamorphotische Werke von Schweizer Künstlern», Kunstmuseum Olten (Katalog)
      «Holz 2», Kunsthaus Zug (Katalog)
1991 / 93 «In Nebel aufgelöste Wasser des Stromes – Hommage à Caspar Wolf», Aargauer Kunsthaus Aarau / Museum Morsbroich, Städtisches Museum Leverkusen / Alte Pinakothek München (Katalog)
1992 «Frammenti – Interfacce – Intervalli. Paradigmi della frammentazione nell'arte Svizzera», Genua (Katalog)
1993 «Fliegzeug», Kunsthaus Langenthal (Katalog)
1996 «Bilderzauber», Fotomuseum Winterthur (Katalog)

1970 «Baustelle», Wandbild, Schulhaus
Hertimatt I, Seon

1978 Siebdruck und Malerei auf einer Faltwand,
Stäpflischulhaus, Rohr

1984–86 «Daumendrehender Maler», Bearbeitung
der Glasfassade, Alte Kantonsschule,
Steinmannhaus, Aarau

1986 «Blätterwirbel», Faltwand, Gemeindesaal,
Buchs

1988 «Schlafender Maurer», Wandgestaltung
(Zusammenarbeit mit Theo Kneubühler),
Kantonsschule Wohlen, Bibliothek

1989 «Glunggenglanz», Bearbeitung der Glasfassade, Oberstufenschulhaus, Birr-Lupfig

1990 Raumgestaltung, Psychiatrische Klinik
Münsingen BE, Wirtschaftsgebäude

1990 Bearbeitung der Glasfassade, Schweizeri-
scher Bankverein, Filiale Ahornhof, Basel

1992 Gestaltung von Dachaufbau und Trenn-
wand, Gemeindehaus, Gränichen

1995 «Familie Runge», Gestaltung der Korridore
und Lichtschächte, Regionales Altersheim, Widen

1995 Glasbilderfolge, Oberstufenschulhaus
Au-Langmatt, Brugg

1995 Glasätzungen mit Rolf Winnewisser,
Westdeutsche Landesbank, Zürich

1996 Bodenintarsien und Schrift auf Granit-
wand, Saalbau, Aarau

Liste der Leihgeber

Das Aargauer Kunsthaus Aarau und Hugo Suter
danken folgenden Leihgebern:

Stadt Aarau
Kantonsspital Baden
Collection d'œuvres d'art du Centre des
Deux Thielles, Le Landeron
Kunstmuseum Olten
Sammlung Moderne Kunst Seedamm-
Kulturzentrum Pfäffikon
Sammlung Bank Julius Bär, Zürich
Graphische Sammlung der ETH Zürich
Sammlung Bosshard, Rapperswil
E. Lüscher, Seengen
Ruth und Jürg Nyffeler, Erstfeld
E. Oberwiler, Dardagny
Günter und Margaretha Wälty, Aarau

sowie diversen Sammlerinnen und Sammlern,
die nicht namentlich genannt werden möchten.

Verschiedene Werke wurden durch die Galerien
Anton Meier, Genf, Pablo Stähli, Zürich, und
Camille von Scholz, Brüssel, vermittelt.

Liste der Fotografen

Die Werke für diese Publikation wurden von
Oliver Lang, Aarau, fotografiert. Zusätzlich
wurden Aufnahmen von folgenden Fotografen
verwendet:

Giorgio Hoch, Zürich: S. 154
Brigitte Lattmann, Aarau: S. 54 oben, 67, 69, 122,
138, 139, 143, 198, 199, 204
Bernhard Lehner, Aarau: S. 20, 23 unten, 125, 183
links
Anton Meier, Genf: S. 98, 140, 172, 205
Jörg Müller, Aarau: S. 86/87, 102 oben, 128
Hannes Rickli, Zürich: S. 66
Pablo Stähli, Zürich: S. 91, 129, 184
Daniel Suter, Gränichen: S. 88, 89
Jiri Vurma, Aarau: S. 162
Günter Wälty, Aarau: S. 107 unten
Hugo Suter, Birrwil: S. 19, 21 oben, 24, 25,
30 – 35, 37, 39, 42, 46 oben, 54 unten, 58 – 61, 64,
65, 70, 71, 74,75, 78, 81, 92, 104 oben, 106, 110,
112 – 115, 117, 120, 130 – 132, 135, 136, 144 – 147,
150 oben, 157, 164 oben, 169, 187, 191, 194,
208 rechts, 218, 219

Diese Publikation erscheint anlässlich
der Ausstellung
Hugo Suter – Das Eine im Andren
im Aargauer Kunsthaus Aarau
2. Februar bis 6. April 1997

Verantwortlich für die Ausstellung:
Beat Wismer
Ausstellungsaufbau: Leon Schneiders,
Claudio Moser
Assistenz: Stephan Kunz
Sekretariat: Verena Reisinger

Publikation
Herausgeber: Beat Wismer,
Aargauer Kunsthaus Aarau
Konzept: Hugo Suter, Beat Wismer, Lars Müller
Redaktion: Beat Wismer, Hugo Suter
Gestaltung: Lars Müller / Stephanie van Grondel
Fotolithos: Reproline AG, Zürich
Satz: Atelier Lars Müller, Heidy Schuppisser
Druck: AZ Grafische Betriebe, Aarau

Von dieser Publikation erscheint eine
Vorzugsausgabe.

Vertrieb im Buchhandel:
Verlag Lars Müller, CH-5401 Baden

ISBN 3-907044-30-4

Die Publikation wurde grosszügig unterstützt
durch

das Kuratorium für die Förderung des Kulturellen
Lebens im Kanton Aargau
die Hans und Lina Blattner-Stiftung
die Fondation Nestlé pour l'art sowie
Stähli. Zürich. Galerie & Edition.

FONDATION NESTLÉ POUR L'ART

Hugo Suter dankt Christoph Holliger von der
Höheren Technischen Lehranstalt, Brugg-Windisch,
für die jahrelange freundschaftliche Zusammenarbeit, Beratung und Bearbeitung von Projekten.
Ohne dieses grosszügige Engagement wäre
vieles nur Idee geblieben. Das Institut für Neue
Materialien (INM), Saarbrücken, stellte gross-
zügigerweise hydrophiles Glasbeschichtungs-
material zur Verfügung, welches sich noch in
der Erprobung befindet.

Beat Wismer und Hugo Suter danken Mariann
Suter und allen, die an der Publikation und
an der Ausstellung mitgearbeitet haben,
namentlich Oliver Lang, der zahlreiche Werke neu
fotografiert hat, sowie Lars Müller
und seinen Mitarbeiterinnen.